日中に懸ける

東亜同文書院の群像

愛知大学名誉教授　藤田佳久

中日新聞社

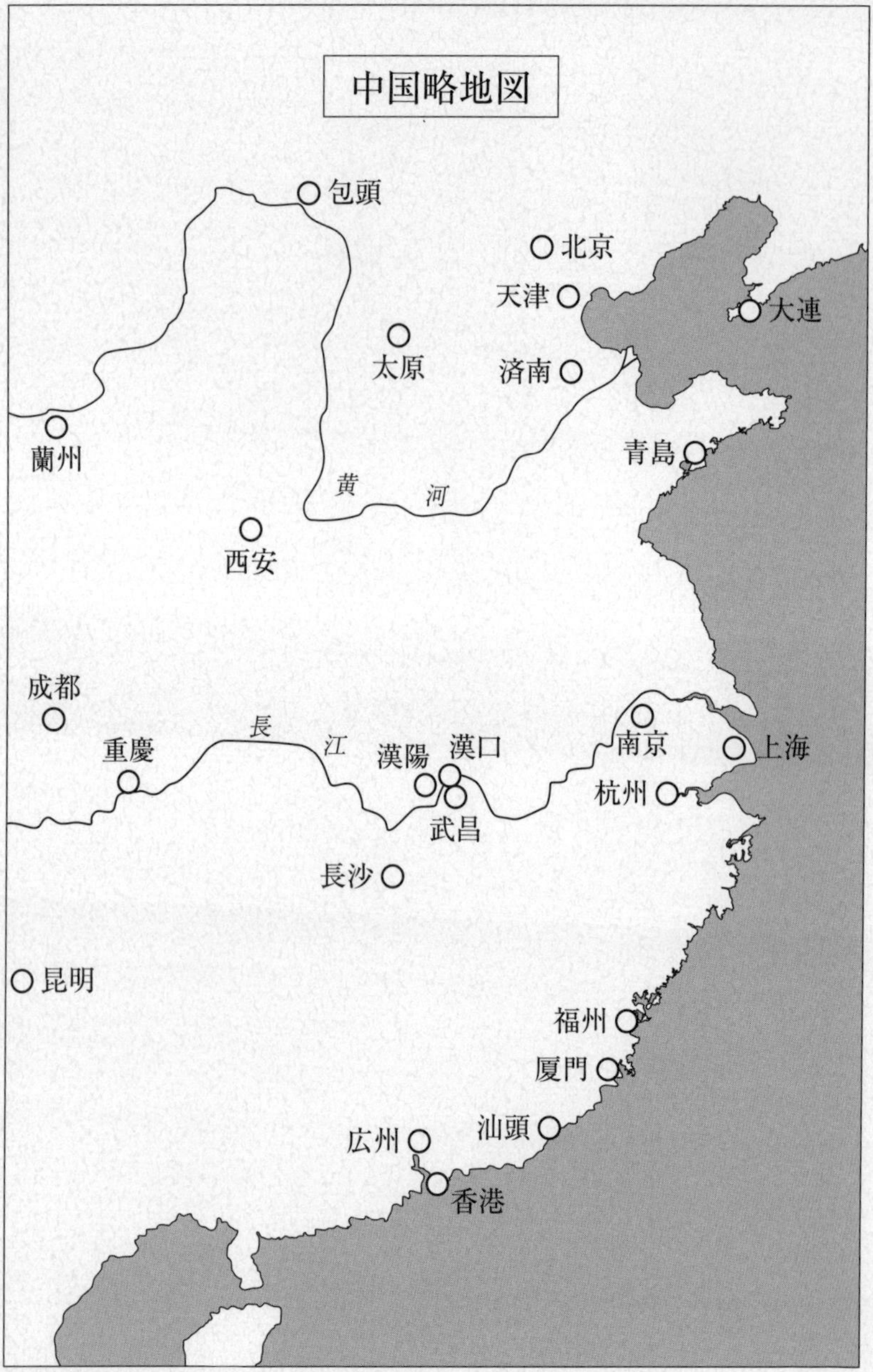

中国略地図
包頭
北京
天津
大連
太原
済南
蘭州
青島
黄
河
西安
成都
長
江
重慶
漢陽
漢口
南京
上海
杭州
武昌
長沙
昆明
福州
厦門
汕頭
広州
香港

推薦文

愛知大学学長　佐藤元彦

本学名誉教授でもある藤田佳久氏による本書は、二十世紀末から二十一世紀前半にかけての日中関係史にとどまらない世界史に、熱き志をもった若者という観点から新たな光を投じようとしている。その中心に据えられている東亜同文書院（のちに大学）は、長らく「まぼろしの名門校」とされ、そこに学ぶ若者の実像はこれまで十分に解明されることがなかった。藤田氏は、この間、書院生への聞き取りを丹念に積み重ね、日本の内外で、また実に様々な分野で活躍してきた書院生の姿をビビッドに描き出している。

本書の最後では、同書院大学の最後の学長をつとめた本間喜一氏を中心に愛知大学が創設されていく過程が記されているが、これまでは、学籍簿・成績簿の受け入れや辞典編纂作業の継承というい わば形式的観点から語られることの多かった「東亜同文書院大学から愛知大学へ」が、本書に描き出された教職員や学生の姿によって肉付けされ、愛知大学が未来に向けて常に立ち返るべき原点がこれまで以上に明確にされている。

――書院から愛大へ――

東亜同文書院大学　四二期生
愛知大学　第一期生
小崎昌業
（元外交官、霞山会顧問）

上海の東亜同文書院大学が敗戦の結果、日本に引き揚げ、一九四六年愛知大学の生みの親となったことは、よく知られている。

この本の著者である藤田佳久先生は、この愛大において、東亜同文書院、なかんづく、その学生達がこよなく愛した中国内地大旅行に、どれ程深く関わり、またそれを通して愛大生を如何によく教育されたかが、よく分かるのである。それは、この本には、同文書院以外の関係者では殆ど知られていない事実が正確に取り上げられているからである。

愛知大学が戦後旧制大学の第一号として豊橋に創立され、その第一期生として卒業した自分にとり、今回の笹島新キャンパスの誕生は第二の愛大創建の時として嬉しく、この時に皆さんにこの本が読まれることは、何よりも嬉しいことである。

目次

第一章

プロローグ

※　殷々と
大砲などの音がとどろくさま。

一　辛亥革命を支えた日本人

二〇一一年の十月十日は中国の辛亥《しんがい》革命勃発から、ちょうど百年にあたった。それを記念して中国や台湾、そして日本でも辛亥革命の立役者孫文《そんぶん》の功績を再考するシンポジウムや講演会、企画展などが開催された。

その革命が勃発した百年前、湖北省武昌（現在の武漢）から四川省成都一帯で、まさにその渦中に入り込み、現地でそれを目撃し体験した日本人の学生たちがいたことをご存じだろうか。その一人、和田重《しげ》次郎《じろう》は単身成都へ到着した時、次のような記録を残している。

「砲声銃声殷《いん》々と聞こえ、今朝も巡防兵の死傷者無数城内に運ばれたと言う有様《ありさま》…」と緊迫した状況を活写している。この学生こそ、描こうとする東亜同文書院生であった。

東亜同文書院は一八九〇（明治二十三）年に設立された日清貿易研

究所という名の貿易実務学校を発展させた形で、一九〇一（明治三十四）年、上海に開設された。経営母体は東京の民間団体・東亜同文会で、会長は近衛《このえ》篤麿《あつまろ》、初代院長は根津《ねづ》一《はじめ》。日中間の貿易実務者を養成するビジネススクールであった。学生は近衛と根津の協力体制で各府県から原則二名ずつ入学させる特異な選抜方法を採用し、全国から秀才を集めた。学費、渡航費など一切の経費は出身学生の各府県が賄った。

上海に開設したのは、この地が当時東アジア最大の国際都市であり、真の国際人を育てる目的にかなっていたからである。近衛篤麿は欧州留学の経験があり、自らの国際感覚を若い学徒に身に付けさせ、近代国家

上海市・徐家匯に建てられた東亜同文書院の学舎＝ 1917 年

づくりの有能な人材を送り出すことをめざした。同時に根津一は中国古典をベースにした倫理学で、書院生にあるべき精神的規範を教授し、その方法として中国語の徹底した習得と、中国や満州、東南アジアの現地踏査による地域理解を学生に促した。その結果、前述のような書院生による生きた記録が蓄積されることになったのである。

このような書院関係者や卒業生は、それぞれ各界で活躍したが、なかでも山田良政《よしまさ》、純三郎《じゅんざぶろう》兄弟は辛亥革命を指揮した孫文を支え、彼が目指す中国の欧米列強からの独立と、日中関係の協力強化に全力を注いだ。書院も日中間の貿易を活発化させることで日中間を連携し、経済力強化によって中国の対列強への地位向上をめざそうとする目的があり、兄弟の行動を支えたようにも思われる。それに賛同する宮崎滔《とう》天《てん》や頭山満、犬養毅、梅屋庄吉ら日本人志士たちも加わり、辛亥革命はこれら日本人抜きには語れないであろう。

書院は中国人学徒の教育も進め、日中両国の懸け橋になる多くの人

※　**宮崎滔天**

一八七〇〜一九二二。本名虎蔵（寅蔵）。熊本県荒尾村豪農の八男。兄民蔵の影響を受け、孫文を知って中国の革命運動を献身的に支え、革命のため中国の軍閥間の調整を図った。

※　**頭山　満**

一八五五〜一九四四。福岡城下生まれ。西郷隆盛の影響を受け、のち国家主義、アジア主義者として活躍した右翼。福岡の玄洋社を代表し、孫文はじめ、アジアの革命派を支持。

※　**犬養　毅《つよし》**

一八五五〜一九三二。岡山藩生まれ。明治から大正、昭和にかけての政党時代の政治家。普通選挙運動もすすめ、民衆運動とともにアジア主義者で、孫文を支持

材を生んだ。しかし、日中戦争のさなかは、軍事通訳や学徒兵として日本の中国侵攻に協力を強いられるなど不幸な歴史も刻んだが、今日あらためて東亜同文書院を照射することで、「幻」ではなく「実像」としての名門校に迫りたい。また、現在の日中関係を考える上で、将来に貴重な一石を投ずることができれば幸いである。

二 革命前、山田良政の死

辛亥革命は辛亥の年、つまり一九一一（明治四十四）年に始まった。それまで約二百五十年に及ぶ満州族による漢族支配の清王朝が、漢族によって倒されたもので、湖北省武昌での蜂起が十月十日だったことから、この日が革命記念日となった。

清朝末期は、西欧列強に次々と侵略され、国力は衰退し、半植民地と化していった。一八四〇年に始まるアヘン戦争では英国に敗れ、そ

した。

※ **梅屋庄吉**
一八六九～一九三四。長崎県生まれ。香港で写真屋を開業し、孫文と出会う。のち貿易商、さらに映画会社を起こし、孫文の革命運動に資金を援助した。

※ **清王朝**
一六四四～一九一二。一六一六年に明から独立した女真族を統一したヌルハチによる後金族が前身。明が内乱で崩壊すると南下して中国を支配した。満州文字など独自文化をもつ一方、漢文化に融合。十九世紀後半から列強の進出がみられ、半植民地化がすすむ中、一九一一年の辛亥革命によって、翌年滅んだ。

※ **アヘン戦争**
一八四〇年。清との貿易が

輸入超過であったイギリスがアヘンを清へ輸出しつづけることに清国が林則除を特命大臣とし、アヘン輸入を禁止したことに対するイギリスから仕掛けられた戦争。イギリスが勝利し、香港割譲や臨海港湾の開放などの特権を得た。

※ **義和団の乱**
一九〇〇年。北清事変ともいう。列強によるキリスト教布教や侵略に対し、山東省で排外運動として始まった。それは北京へも拡大すると清王朝末期の実力者西太后の支持するところとなり、列強との戦争となり、列強が勝利。これにより清王朝は近代化を余儀なくされるが、王朝の力は弱まり、辛亥革命により滅ぶことになった。

の後の太平天国の乱に手を焼き、日清戦争では、アジアの新興国、日本に敗れた。それに列強が乗ずると、国内では民族的感情が高まり、宗教的武術集団の義和団が「扶清滅洋」を唱え、在留外国人に対する排外運動を起こした。

清朝の西太后《せいたいこう》は、この内乱を利用し、各国に宣戦布告したが、却《かえ》って列強に中国侵攻の口実を与えることになった。しかも、これを機に西太后は清朝内部の改革派を抑え込んだ。西太后は晩年、後継者に恵まれず、その死去後は清朝の求心力が急速に失われた。

そのころ、医師を志しハワイへ渡って救国に目覚めた孫文のような革命派が反清の思想や運動を次第に強めるようになった。中でも孫文は一九〇〇年、広東省の恵州で初の反清蜂起を指示したが失敗。戦死者の中には南京同文書院から駆けつけた山田良政もいた。

にもかかわらず、反清蜂起は各地へと伝播《でんぱ》した。それより前、長い歴史をもつ官吏登用のための科挙制廃止により、行き場を失った若い

※ **恵州蜂起**
恵州起義ともいう。一九〇〇年、孫文が清朝を倒すために初めて広東省恵州で計画した武装蜂起。日本などからの武器援助が果たされず失敗。山田良政はこれにはせ参じたが戦死。のちに孫文からその行動がたたえられた。

※ **科挙制**
隋の時代から始められた学識をチェックする高級官吏登用の試験。多くの問題も派生しており、近代化をすすめる弊害にもなり、清朝末期の一九〇五年に廃止された。

※ **端方**
一八六一〜一九一一。満州人。一八八二年から役人に登用され、義和団の乱への対応が評価され、各地の総

知識人や留学生たちが軍を組織し、次第に革命運動を高揚させ、スローガンも「反清」から「滅満興漢」へと民族主義をあおっていった。

　こうした中の一一年、清朝が外国に支払う賠償金確保のため民鉄の国有化を断行した。四川省では民衆の反対運動が起き、四川保路同志会が組織された。請願する民衆が射殺される事件が生じたことから、四川省の省都・成都は民衆に包囲され、その鎮圧のために漢口にいた鉄路大臣端方《たんぽう》が湖北省の新軍（清国の近代化された軍隊）を率いる形で派遣されることとなった。

　事態は動いた。漢口一帯の清国側の軍事力は手薄になり、その隙をついて武漢三鎮の一都市、武昌での革命反乱が、功を奏したのである。

革命軍に守られる書院生。幟《のぼり》に「〇本大學」と読める

督代理や総督を務め、欧米日を巡り、憲法制定を提案したりした。

※　黎元洪
一八六四～一九二八。清朝末期から民国期の海軍軍人で、日本へ留学。張之洞と知り合い、陸軍の湖北新軍の指導者となるが、武昌蜂起で革命軍に捕らえられ、革命軍の湖北司令官にさせられる。登用され、二度も大総統になるが、力は発揮できなかった。東亜同文書院二十周年時には「一道同風」という大文字の揮毫を寄せている。

※　袁世凱
一八五九～一九一六。清朝末期から民国期の軍人でのち政治家。日清戦争後に軍の近代化をすすめ、直隷総督兼北洋大臣になり、西太

ただし、他の二都市、漢口と漢陽はそう簡単ではなかった。十一月になっても戦闘が続いた。

　ところで、このあと武昌の革命軍の大将として担ぎ出されたのが清国軍の長で、革命軍に捕捉されていた黎元洪《れいげんこう》であった。しかも革命後の中華民国の大総統に二度も就任しているのだから驚く。混乱期の政治力学である。

　この時、袁世凱《えんせいがい》に大総統の座を奪われた孫文も権力争いの中で、次の第二革命、さらには第三革命をめざすことになった。

三　進退きわまる書院生

　辛亥革命の混乱期は当然多くの研究者による研究対象となった。その基礎史料は中国伝統の役所中心の書記システムにより残された記録文書類であり、従って書院生が体験したような動き回って活写した形

后に接近。のち辛亥革命で政権復帰し、新生の中華民国臨時大総統、さらに大総統になり、一五年に皇帝になろうとして支持されず病死した。

※ 黄 興

一八七四〜一九一六。清末から中華民国期の革命家で、孫文と中国同盟会を組織し、孫文の片腕として軍事部門を担当した。日本へ留学後、辛亥革命時には武昌で指揮し、大元帥になった。日本への亡命も数度を数えた。

での革命の熱気を伝える記述は少ない。

ところで、最初に紹介したように、この辛亥革命が勃発した一九一一年十月から十一月にかけて、震源地であった湖北省の武漢から四川省の成都一帯の長江（揚子江）沿いと、武漢で長江へ流入する漢水沿いで革命戦争の渦中に巻き込まれ、その状況を活写した東亜同文書院生たちがいた。彼らは「大旅行」を行っていた二つの班の班員たちであった。

四川班の６人。後列右から２人目が和田重次郎

この「大旅行」の詳細は後に触れるが、最終学年が班を組み、調査地とコース、テーマを選び、三〜六カ月間に及ぶ徒歩中心の調査旅行である。この年は十二班のコースが設定され、卒論として調査報告書が各自でまとめられた。

このうち四川班六名は六月二十五日に上海の書院を発《た》ち、長江をさかのぼり、湖北と四川両省境の山間地を巡ったあと九月二十三日重慶着。十一月六日まで滞在したが、急にこの一帯の混乱がすすんだため、さらに成都をめざす和田重次郎を残し、本隊は兵火の武漢一帯をくぐり抜け、十一月二十一日に上海へ戻っている。百五十日にわたる冒険の旅であった。

この一行が最初に異変の情報を得たのは九月十七日のことで、成都で鉄道国有化に反対する四川保路同志会の一部が暴動を起こしたという内容であった。最初はそれを中国特有のデマとして疑った。

しかし、重慶に着くと、「市街を通る時、市民の刀槍《とうそう》を運ぶを見、成都動乱の余波此所《ここ》に及びて当地の急なるを知れり」と市内の緊迫した状況を記し、翌日調査に向かうと「市街一般に殺気立ち、稍《やや》もすれば可怪的人（不審者）と誤られ、一《ひとつ》として得るところなし」と、調査どころではない雰囲気であったと記している。

辛亥革命関係地図

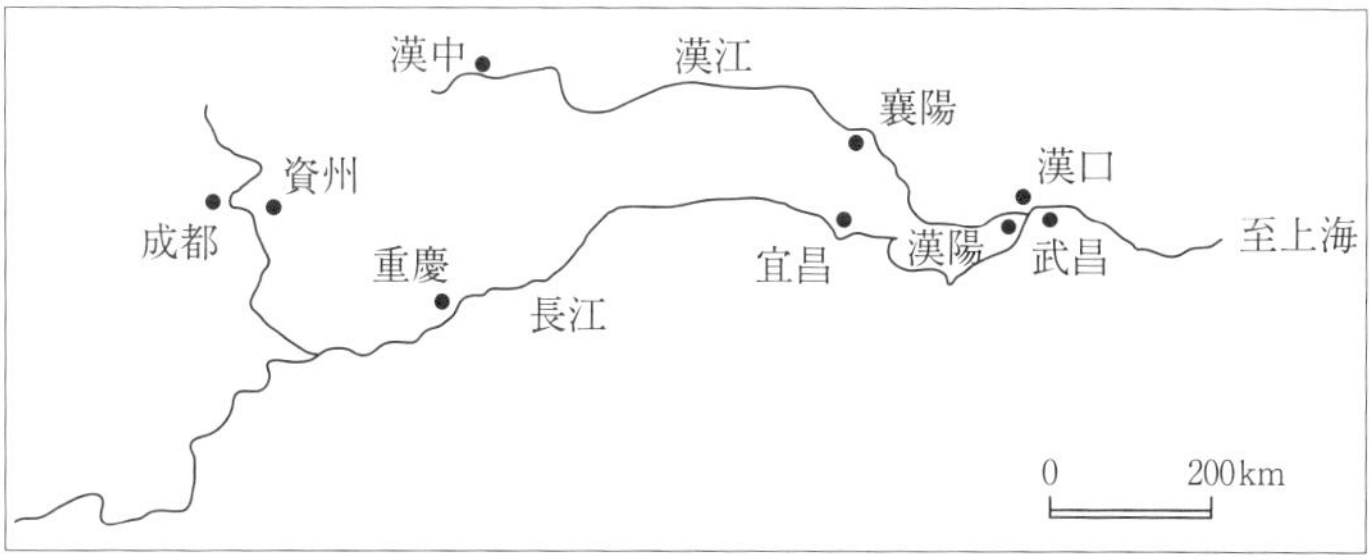

そんな中、現地日本人からは成都の四川保路同志会は暴徒だから行くなと電報が来たり、現地の領事からも成都行き禁止の連絡が入ったりしている。当時の現地日本人は成都の混乱を暴徒の仕業とみていたことがわかる。

こんな時、書院生の多くの班はこのような制止を振り切って歩むが、四川班は目的地成都行きを和田一人に託し、他の五人は帰路に就いた。しかし、帰路途中の宜昌は革命軍が占拠したとの電報が入り、「我等《われら》一行は進退両難前後を全く封ぜられたり」と記し、さらに「重慶は刻一刻危険に瀕《ひん》せり」と進退きわまった状況を吐露している。

そして重慶の日本人は居留民協会に集まり、革命軍蜂起への連動を恐れ、財産保全、食料確保、避難方法などを決める一方、船で重慶脱出を決定する緊迫した状況も記録している。

四　書院生、奇跡の脱出

こうして東亜同文書院生の一行が船着き場へ向かう途中、なんと成都へ鎮圧に向かう鉄路大臣端方《たんぽう》軍の隊列とすれ違い、「夏虫飛んで火に入るの例」として悲劇を予兆している。その時の端方の様子について、「大丈夫、常に死地に就くの覚悟あり。今、氏の乗輿《じょうよ》を見るに当り、簾《すだれ》を揚げて温顔従容煙を吃《きっ》しつつ進む様の如何《いか》に雄々しく見えしぞ。その覚悟の程ほの見えて、そぞろに彼《か》の人物を思わしめたり」と、その表情から端方の覚悟を感じ取っている。

一方、一人成都へ向かった四川班員の和田重次郎は、成都から脱出したあと、一九一一年十一月二十四日に資州へたどりついた。その時、端方が重慶から千余人の兵士とともにここへ来て、一部の兵を成都へ送り込みながらも自分は資州に留《とど》まったままであったことを知り、成都への前進をいくつかの理由から躊躇《ちゅうちょ》したのだろうと記している。

そして三日後の二十七日、端方は反乱を起こした自軍の兵士に刺殺された。その兵士は軍用銀を狙ったものとされ、和田は端方の躊躇が災いを招き、醜態を見せてしまったと述べている。端方の死は四川の保路運動を革命運動へと一気に進化させることになった。

和田重次郎はこのあと各県城が革命軍に占拠された中を重慶へ急ぐが、途中、火縄銃や青竜刀を持った暴徒に捕らえられてしまった。和田は同行した苦力《クーリー》（下層の中国人労働者）とともに自分は日本人で旅行の途中だと主張し、なんとかこの場の難を逃れた。が、その直後、今度は同じく火縄銃と青竜刀を持った百人余りの集団に追われて捕らえられ、火縄銃を向けられた。そのうちの一人の男が和田に青竜刀を振り

辛亥革命勃発当時の在成都邦人たち。日の丸が見える

下ろし、首がはねられたと思った瞬間、刀が首のすれすれの所をそれて地面に食い込んだという。和田はここでも日本の品々を見せて日本人であることを主張し、一命を救われた。

さらに永川県でも端方側の疑いで捕らえられたが、群衆の中から一人の青年が出て来て、日本人教員に教えられ、その人を尊敬しているという理由で和田を救い出してくれるなど、奇跡のような命懸けの脱出であった。和田は次々に自分を捕らえた中国人が革命党なのか四川保路同志会なのか匪賊《ひぞく》なのかわからないとしている。自分は金品を持たなかったことも幸いしたのではとふりかえっている。

永川県で和田を救った青年は、県の劉統領に紹介状を書いてくれ、そこで尺牘《せきとく》（手紙）を送ると新政権の護照《ごしょう》（パスポート）が届けられている。その発行年月日を見ると「黄帝紀元四千六百零九年十月初八日給」とあり、しかも「中華民國軍政府蜀軍永川縣司令官之關印」と捺印《なついん》されて、新しい護照の年号、国名が新体制になっているのを和田は初めて知った。
和田の一連の記録から、無政府状態となったこの一帯で、端方を追う勢力に新たな秩序へと編成されていく動きが見てとれる。

五　革命軍が書院生を護衛

別の一班も辛亥革命に巻き込まれた。「漢中班」の六人である。一九一一年六月二十九日に上海を発《た》ち、北京、西安、秦嶺《しんれい》山脈を南下し漢中へ。そして漢水沿いに下り漢口、再び上海へ戻る百三十六日のコース。「陸行」が多く、匪賊《ひぞく》や戦火に遭い、文字通り冒険大旅行であった。

一行が初めて異変を知ったのは十月十七日のことで、光化県の知事から「武昌で動乱蜂起」と伝えられた。その時の知事の表情は不安げであったという。途中の沙洋《さよう》県では抜刀した兵の横行を目撃し、革命軍の白旗を立てた四、五隻の船団を見て、沙洋が同軍に占拠されたことを知った。

また下流の襄陽《じょうよう》では、水賊警備の砲艦が武昌の動乱鎮定のため漢口を下ったので、その空白を狙った匪賊の横行を予測している。

予測通り、この班一行の船は青竜刀と出刃包丁を持った匪賊に襲われ、班員の荷物もすべて奪われた。船上の略奪を横目に、白旗と長槍《ながやり》を持った軍隊が両岸を下るのを見ている。その直後、小舟でやって来た二人に呼び出され、

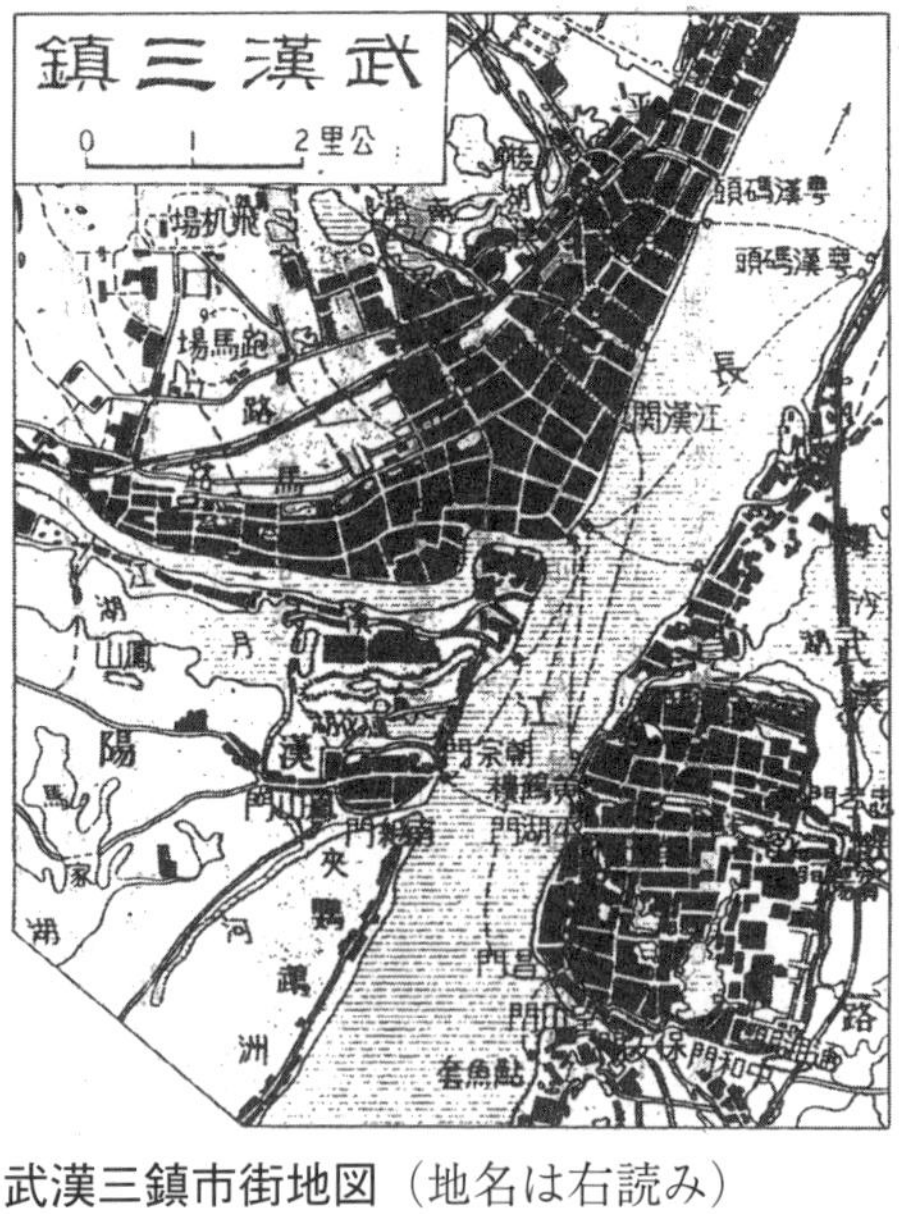

武漢三鎮市街地図（地名は右読み）
左岸北が漢口、その南が漢陽、右岸が武昌

匪賊の大将のところへ連れていかれ面会することになった。大将の名は劉、目玉が異様に光っていたと記している。

劉は突然懐から東亜同文書院の根津一院長の名刺を出すと、「此地《この》此革命軍議を起《おこ》すに際し…妄《みだり》に君等の行装を犯したのは誠に済まない。…あなた方は東亜同文書院の大学生との事だから、礼を以《もっ》て遇し、最前匪賊の掠《かす》めた品物は一切取り返して上げます」と言って毛布と制服だけ返してくれた。これでは不十分だというと一行は奥まった洞窟へ連れて行かれた。そこで彼らはノートや携行品を取り戻している。日本側の書院と根津院長に対する当時の匪賊側の評価がうかがわれる一件であった。

帰路に就いた一行は、豪胆

漢中班の６人。中央の幟は一行を護送した革命軍の船に立てた

にも革命軍の本陣を訪ねている。抜刀して殺気立つ二、三百人の兵士に囲まれ、金儀堂《きんぎどう》と鄒宗孟《すうそうもう》と名乗る二人の大将に面会した。金は地方の名望家で老紳、鄒は四十代の大富豪で、彼らは「日漢は是同胞」と論じ一行の護衛を約束したという。革命軍の指導者層は名望家や富豪たちが多く、彼らが連合して新体制を組んでいたことがうかがわれる。

書院生たち一行は、約束通り十五隻の船に分乗した五百人余の分隊とともに漢口へ向かった。船には「奉令護送大日本学生」と書かれた長篙《ながさお》（幟旗《のぼりばた》）が掲げられ、「興漢滅満」の旗とともに数千の群衆に見送られた。また武昌では諸将と裸で乱舞し、詩を交換する詩宴を催し、一行は諸将と強い絆で結ばれた様子を克明に記録している。

その後も武漢三鎮間の戦火の中で絶体絶命の危機に遭ったり、黎元洪《れいげんこう》から黄興《こうこう》（戦時総司令）へ司令刀を渡す拝大将式に出席した様子など、書院生の記録は辛亥革命期の実況を広域にわたり活写している。従来の文献にはない貴重な記録である。

第二章

再考・荒尾精

一　香港のテレビ番組に唖然

プロローグでは、辛亥革命の現場に遭遇し、貴重な記録を残した東亜同文書院の学生（以下書院生）たちの存在を明らかにした。

このような書院生たちを生んだ東亜同文書院と、その中国研究の詳細は後述するが、そのような方向をもたらした原点に立ち返ると荒尾《あらお》精《せい》にたどりつく。

荒尾について、これまでの人名辞典では「中国問題の志士」とか「大陸浪人」の一人として紹介されてきた。「大陸浪人」の概念は簡単には言えないが、内容は「明治、大正、昭和前期に中国大陸で種々の活動を行った日本の不平士族や国家主義者を主とする放浪者」といった具合である。荒尾は戦後の人名辞典の中でもなお「大陸浪人」とされている。

今から二年前、香港の某テレビ局が日中間交流史の番組を作りたいということで、愛知大学の東亜同文書院大学記念センターを訪れ、荒尾について取材を受けた。センターでは番組の趣旨に賛同した上で、荒尾の日中間交流に果たした役割を次のように説明した。

荒尾精

荒尾はアジア問題を広くとらえ、日本とアジアとの共存の道を求め、その後のアジア主義の原点を示している。その中で、日清戦争後も清国に領土の割譲や賠償金を要求すべきでないと主張した荒尾の王道思想は、再評価できるのではと話した。また、明治末期に刊行された井上雅二《まさじ》著『巨人　荒尾精』を、書院生の父、村上徳太郎を持つ村上武《むらかみたける》氏が一九九七年に増補復刻（東光書院出版部）したほど、日本では高く再評価されていると説明し、その放送を心待ちにしていた。

※　**村上徳太郎**
書院十八期生。一九三五年、大内書院院長は荒尾精、根津一、近衛篤麿を書院の三聖人として靖亜神社を建立。戦後村上徳太郎が埼玉県武蔵嵐山に東光書院を建設した時に御神体とともに再建。奉遷日に三聖人を祀る大祭が毎年行われていた。

しかし、インターネットで見た、そのテレビ局のアーカイブの番組は「日本人による中国へのスパイ活動秘録」とでもいうべきタイトルのドキュメンタリー風構成で、何と荒尾はその最初に登場し、私たちは欺かれた思いで唖然《あぜん》となった。

中華民国の時代に編集された『近代中國外諜與内奸史料彙編』を読むと、渡清した主な日本人はほとんどスパイとされるなど、雑な内容だが、それが独り歩きし、テレビ局側のタネ本になっているように思われた。したがって、こちらが説明した荒尾の再評価論は想定のストーリーを変えるものではなかったということになる。

一般に、歴史上の人物の評価は、その足跡が大きいほど多面的であり、その時代や置かれた立場でそれぞれの評価の視点が異なることはいうまでもない。

荒尾が東亜同文書院の創設や内容、発展にまで影響し、寄与した観点から、近代日中関係史の中で、彼の思想の先見性と実践性について論考を進めてみたい。

二　岸田吟香が教導役に

まず、荒尾精《あらおせい》の生い立ちを紹介しよう。

荒尾は一八五九（安政六）年、尾張藩士荒尾義済《よしなり》の長男として生まれた。幕末から明治への大転換期に親子は東京へ転居し荒物商を営むが、武士の商法成り立たずで、一家はたちまち困窮した。近くに住む麴町警察署警部の菅井誠美《すがいまさみ》（のち栃木県知事）が窮状を見かねて、精を菅井家の書生として養育することになった。七八（明治十一）年に勉学もできる陸軍教導団に入ると、さらに語学習得に励み、陸軍軍曹へ。その後陸軍士官学校へ進み、二十四歳で陸軍歩兵少尉となり、八三年、運命の熊本鎮台へ赴任した。そのすぐれた能力と態度の名声は熊本市内へも及んだという。

荒尾はここで清国への派遣生であった御幡《おばた》雅文と出会う。漢学を修めた荒尾は御幡から直接中国情報を得、中国語も習得し、清国行きの決意を固めた。その後、陸軍参謀本部支那部へ転任し、八六年、ついに憧れの清国へと渡った。荒尾は軍籍を捨てることを希望したが、受け入れられず、そのまま上海へ上陸した。以降、水を得た魚のように清国で活動することになった。

晩年の岸田吟香

当時の上海は東洋一の国際都市であった。大河である長江（揚子江）の河口部に広がる砂州の先端に集落が漁村としてあらわれるのは十三世紀ごろである。長い歴史をもつ中国の都市の中では上海の成立はきわめて新しい。一八四二年のアヘン戦争後の南京条約で上海が開港されると、西洋列強は相次いで租界を設けて進出。黄浦江左岸には列強各国の金融資本を中心に高いビルが立ち並んだ。

幕末、上海へ渡航した長州藩の高杉晋作はその威容に驚く一方、列強の白人に支配される中国人を見て、「次は日本か」と危機感を募らせた。そんな上海に荒尾が単身で乗り込んでもうまくいくはずはない。荒尾に現地の実情を教え、導いたのが岸田吟香《ぎんこう》であった。

吟香《ぎんこう》は画家岸田劉生《りゅうせい》の父である。美作《みまさか》（岡山県）の出身で、幕末に江戸へ出て勉学にも励んだが、眼病を患い、当時横浜に滞在していた米国人医師ヘボンを訪ね、新しい世界が開けた。ヘボンは吟香の才能に注目し、日本で最初の和英辞典『和英語林集成』の編集を手伝わせ、印刷刊行のため吟香を伴って上海へ渡った。吟香はそこで目薬を売り大繁盛し、財をなした。いわば日本初の本格的国際商人である。帰国した際には、横浜で新聞の発刊も手掛けている。また清国地誌も編集執筆するなど、中国への関心が強かった。

吟香は荒尾の熱意と意欲を評価し、上海での生活を体験させたあと、漢口に「楽善堂《らくぜんどう》」の名で薬屋と本屋を開けるよう便宜を図っている。

※　高杉晋作
一八三九〜六七。長州藩出身。若くして吉田松陰の影響を受け、その志を継承して倒幕、明治維新の中心的志士となった。米仏からの報復戦に敗れ、下関の守りに志願兵による奇兵隊を組織し、改革もすすめた。

※　ヘボン
一八一五〜一九一一。アメリカ人。大学で医学を学び、一八五九年、江戸時代末期に教会宣教医として来日。眼を悪くした岸田吟香の治療をし、上海で和英辞書を印刷した。横浜にヘボン塾を設け、ヘボン式ローマ字で有名になった。

列強支配の上海と違い、漢口は清国の中央部に位置し、長江と漢江が交わり、道路網も集中する中枢であった。清国を理解する上で格好の地といえた。

三 漢口楽善堂の若者たち

一八八六（明治十九）年、漢口（湖北省武漢市）に楽善堂《らくぜん》という薬屋と本屋を兼ねた雑貨屋を開業した荒尾精《あらおせい》は、早速活動を始めた。楽善堂と荒尾の関係については、解明されていない部分もあるが、その最大の目的は広大な清国各地を知ることであった。それまでインテリ層により書かれた漢詩、漢文に表現された美しい世界としてしか日本人に知られていなかった中国の実像を知りたいという好奇心と憧れに満ちていた。

それよりのち、朝鮮で起こった甲午農民戦争（東学党の乱）をめぐって荒尾は清国への対抗意識をもったが、この漢口時代は日清間の対立もなく、彼らの調査活動をスパイ活動とみなすのは難がある。この清国情報収集の成果はその直後に大著として根津一《はじめ》の手によって編集公刊されており、秘匿されたわけではないからである。

清国の情報収集は荒尾一人の手でできるものではなかった。そこで荒尾は上海や天津などに日本から渡っていた若者たちを漢口へ呼び寄せた。宗方小太郎、山内巌、井深彦三郎、高橋謙、浦敬一、山崎羔三《こうざぶ》郎《ろう》、藤島武彦、石川伍一、北御門《きたみかど》松二郎、河原角次郎、中西正樹などがそのメンバーで、いずれも二十代の若者たちであった。

彼らに対して、荒尾は清国の基礎知識を教授し、私塾的体制をとる中で、この漢口楽善堂の規則をつくっている。まずメンバーを「堂員」と称し、堂長を設けた上で、現地調査担当の「外員」と、事務担当の「内員」に分け、清国人と接する時は温和で、しかも商人風であれと指導した。

※　甲午農民戦争
一八九四年。東学党の乱ともいわれる。閔氏政権は外国資本の進出の対応ができず、その中で農民の不満が内乱となった。政権は清国に援軍を要請、日本は日本人保護で出兵し、日清間の争いとなり、やがて日清戦争へもつながった。

※　宗方小太郎
一八六四～一九二三。肥後（熊本）出身。清国に渡ったあと、荒尾精の漢口楽善堂のもとで清国情報を広く集めた。日清戦争では清国海軍情報を得、日清戦争に貢献した。

※　浦　敬一
一八六〇～一八八九。肥前（長崎）出身。荒尾精の漢口楽善堂のもと藤島武彦と新疆方面、とくに伊犂をめ

ざし出発し、蘭州以降は行方不明となった。

※　**藤島武彦**

一八六九～一八九四。鹿児島出身。荒尾精の漢口楽善堂のもと蘭州へ向い、浦敬一の伊犂《イリ》行きを支えた。帰国ののち再度日清間の緊張の中、清国へ渡り、清国側に捕らえられ処刑された。

※　**哥老会**

清時代の秘密結社。十八世紀に入り四川省から長江下流へ広がり、農民中心から次第に地方の指導者も入り、反清反仏運動を展開して辛亥革命にも加わった。

※　**白蓮会**

元末からの宗教結社で、のちに四川、陝西など山間地

内員の中には「編纂掛《へんさんかかり》」が置かれ、各地からの報告をまとめるほか、各種新聞からの情報を得る役割を任じている。

興味深いのは外員の調査項目に「人物の部」があり、日本的分類の君子、豪傑、豪族、長者、侠客《きょうかく》、富者に仕分けして人物を探し出し、しかもそれぞれのランクと彼らの生存目的を明らかにすることとしている。また哥老会《かろう》、九竜会、白蓮会、馬賊など集団の調査も課し、今日のフィールドワークレベルで設計されている。もちろん、土地条件、交通、食糧、工場、兵制、人口、風俗など地誌の基本的な必要項目も課せられている。のちの書院生の調査旅行の原型がうかがわれる。

荒尾精（前列中央）と漢口楽善堂の同志たち

こうして外員は荒尾の指示にしたがって各地へ散った。彼ら外員こ

の移民に広がり、清国中期に反乱を起した。

※　馬賊

清国時代、元々は自衛的組織であったが、清国の弱体化の中、盗賊集団となり、村や町を襲ったりした。馬占山や張作霖は馬賊出身である。

そが「大陸浪人」的性格を帯びることになる。そしてその経験の中から名を成す若者も出ることになった。しかし、彼らにとって不慣れな異国での旅は困難がつきまとい、かなりの若者が死亡したり、漢口へ戻れなかったりした。荒尾は多くの情報を得る一方で、そのような方法に限界があることを痛感した。

四　日清貿易の実務者を養成

一八八九（明治二十二）年、荒尾精は帰国すると漢口楽善堂《らくぜんどう》での経験と反省をふまえ、私塾ではなく、体系的で実践的な学業を教授できる学校を上海へ開設する必要性を抱き、その実現にむけて歩み出した。「日清貿易研究所」という学校である。その名が示す通り、日清間の貿易実務者を養成するものであった。このビジネススクール構想は、のちの東亜同文書院に引き継がれることになる。

※　黒田清隆
一八四〇〜一九〇〇。薩摩出身。北海道の幕府軍との戦いで榎本武揚らを説得させたことで政治家へ。北海道開拓の陣頭指揮をとり、さらに西南戦争で成果をあげ、枢密院議長を経て総理大臣に就任した。

※　松方正義
一八三五〜一九二四。薩摩出身。若くして地方財政にかかわり、金融財政に関心をもった。一八七三年の地租改正を実施、西南戦争後大蔵卿として増税政策をとり松方財政と称された。のち二回にわたって内閣を組閣、金本位制を導入した。

そこでまず黒田清隆総理大臣、松方正義大蔵大臣など、時の政府の首脳たちを訪ねて賛同を得た上で各府県知事宛ての紹介状をもらって、全国を巡り、日清貿易の実務者養成の必要性を熱く説いた。

荒尾の構想は三年間の清国での経験に裏打ちされており、各知事に歓迎されたという。説明の中で、荒尾は亜細亜協会を設立し、そこに亜細亜貿易研究所を付置し、アジア各国から研究生（学生）を募り、協会の支部を各国に置くという壮大な構想も語っている。また、荒尾は次のように構想の背景を述べている。

日本人は商工業にすぐれた能力を発揮してきており、それは通商貿易でさらに発展できる。その際、先行している欧米の方が有利だが、「隣国の支那国は風土、人情よ

日清貿易研究所の卒業生（1893年）

り百般の関係、総て我国と類似し」ており、断然日清貿易をすすめるべきであると説いた。ところが、それを支えるべき人材はおらず、急いで養成しなくてはならないと述べ、自らの経験から清国商業の実情と注意点を挙げている。そして単なる商業を学ぶのではなく、義徳とともに清国との商取引を可能にする実践力を身につけた人材養成の学校計画を強調した。それは日本初の国際貿易人養成学校であり、日本の発展方向を見据えた構想でもあった。

こうして翌年、上海に一部公費生を含む二百人の学生を迎え、「日清貿易研究所」が開設された。科目は清語学、英語学、商業地理、支那商業史、簿記学、商業算、商務実習、貿易論、経済学、法律学、和漢文学、柔術体操などで、目的にふさわしいカリキュラムであった。

しかし、学校運営は順調とは言えず、一年目から財政難に直面した。財政を支援してくれるはずの政府が政争で当てにならず、荒尾は漢口での商取引慣行の経験から財源不足の窮地を脱する一幕もあった。もう一つは低湿地特有の風土病で学生の多くが倒れ、それをめぐって学生が動揺し、数十人の退学者を出したことであった。

荒尾は経営刷新を図らねばならず、この計画に賛同していた根津一《はじめ》を呼び、その運営を委任するなどして軌道に乗せた。こうして三年目、九十人弱の初の卒業生が世に送り出され、活躍した。しかし、そのあと日清戦争により荒尾の学校は志半ばで姿を消した。

五 『清国通商綜覧』を編集

漢口楽善堂《らくぜん》時代に荒尾精が自ら本屋を営んで多くの文献を収集し、外員の若者たちが清国内を歩いて集めた膨大な情報は、その後どうなったのであろうか。

前述したように日清貿易研究所の運営にかかわりをもった根津一が、荒尾の代理所長を務めつつ、荒尾が収集した清国に関する膨大な資料類を五カ月間にわたり整理編集し、一八九二(明治二十五)年に全三巻二千ページの大著『清国通商綜覧《そうらん》』を日清貿易研究所から成果物として刊行した。

根津は陸軍教導団(のちの陸軍士官学校)で一緒になった荒尾とは無二の親友であった。学校では常にトップの成績で、反骨精神旺盛な行動派の熱血漢でもあった。それが半年間、部屋にこもり一日一食、文字通り不眠不休でこの編集執筆に当たったった。その不動の姿勢にネズミが慣れて、ヒザから肩に乗って遊んだと述懐している。

根津はその後、東亜同文書院初代院長を務め書院の精神的な柱になるが、思想家としての基盤はこの修業のような編集作業から生まれたものといえそうだ。

こうして誕生した荒尾・根津コンビによる『清国通商綜覧』は清国の商業事情をベースにしつつ、第一編は商業地理、庶制、運輸、金融、交通、生業、雑記、第二編は工芸品と水陸の産物を貿易可能な商品として紹介している。例えば商業地理は、清国の位置、面積、人口、人種、地形、山脈、河川、海岸、島などをまとめ、次に十八省の省別に同様の地理的条件を述べ、さらに十五港と香港についても同様の基礎情報を示している。さらに気候、風俗、教育、宗教と続き、日本人の手になる初の本格的な清国地誌といえる。

古代ギリシャの思想家や哲学者をはじめ、カントやレーニンなどは、いずれも世界の地理学的認識の上に思想・哲学の体系を構築している。荒尾や根津も清国地誌の上に初めて自らの思想を築いたといえるだろう。

なお、庶制は十二章に分かれ、政治組織や財政、税制、郵政などが述べられ、興味深いのは、雑記の十一章分で、さまざまな商業組織、訪問や宴会の特徴、借家など居住の慣習、ビザ、旅行上の注意など商取引上の注意点を挙げ、第二編では見事な銅版画で具体的に商品を紹介している。そのほか中国の歴史や農業史、商工業史なども記述され、中国の歴史書であり、地理書であり、百科事典でもあり、中国の実態を余すところなく紹介している。そのため日本では初の中国の実態を知る書としてベストセラーとなり、日清貿易研究所の名前も有名になった。

しかし、のちに荒尾は京都で清国を保護する『対清意見』や『対清弁妄』を著したあと、台湾貿易のために台北に渡り、アジアネットワークの構想を具体化しようとするが、一八九六年、コレラのため、まだ三十八歳の若さで亡くなってしまった。

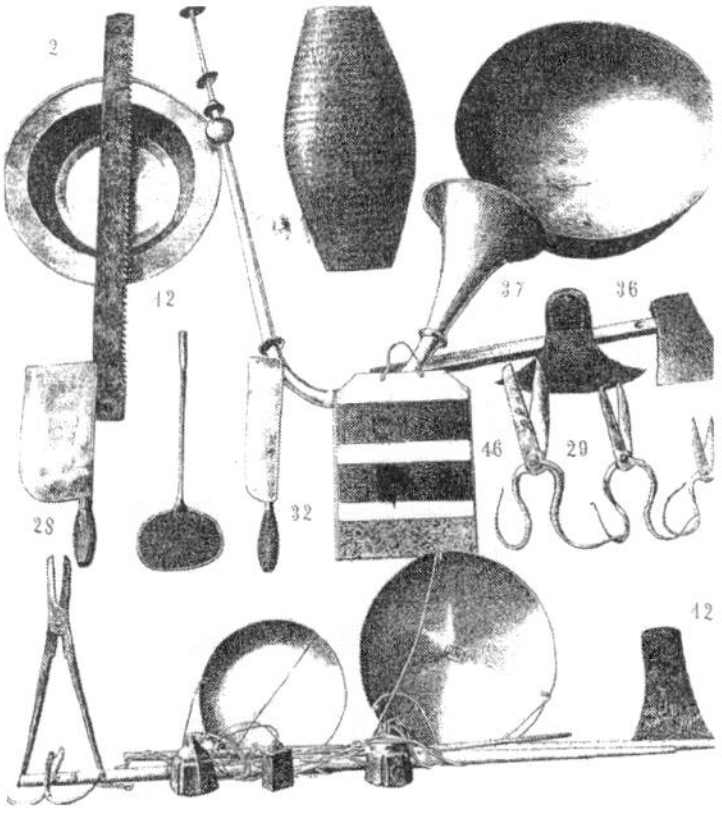

『清国通商綜覧』に紹介された清国の銅製品図

第三章

近衛篤麿の先見

一　列強のアジア戦略に危機感

前述したように荒尾精《あらおせい》は一八八〇年代後半から九〇年代半ばにかけて、清国の生の地誌的情報を日本に初めて伝え、日清間の貿易促進と、それを担う人材を養成するため日清貿易研究所を上海に開設するなど、日清間にネットワークプログラムを設け、その第一歩を踏み出した。そしてさらに広くアジアにも日本とのネットワークを展開しようとした一八九六（明治二十九）年、三十八歳の早すぎる死によって計画が中断した。

その空白を埋めるように登場したのが近衛篤麿《このえあつまろ》であった。

篤麿は六三（文久三）年、京都に生まれ、父忠房《ただふさ》が早逝したため祖父忠熙《ただひろ》の養子として家督を継いだ。英語や和漢を独学で習得したあと、八四年に公爵になり、八五年から九〇年にかけてオーストリア、さらにドイツのボン大学とライプチヒ大学に留学し、先進ヨーロッパ諸国の実情と世界戦略を肌で学びとった。それだけに、帰国後は貴族院議員、同議長に就任し、日本の近代化をすすめる開明的な指導者となった。

近衛篤麿＝愛知大東亜同文書院大学記念センター蔵

周知のように、近衛家は五摂家の筆頭であり、篤麿は九五年に学習院院長になると、教育によって華族の社会的地位を向上させようと努めた。それだけに藩閥政治や私利党略に走る当時の政党政治にも批判的で、『近衛篤麿日記』の随所にその姿勢が記されている。そんな篤麿の姿勢を知って、多くの民間人や民間組織が彼を訪ねた。彼らに親しく応対する篤麿に対する評価はさらに高まった。

そこで、そのような考え方を共有する陸羯南《くがかつなん》、中江兆民、白井新太郎、大井憲太郎、志賀重昂《しげたか》、三宅雪嶺《せつれい》などとともに、九一年、中国だけで

※　**近衛篤麿日記**

篤麿は簡潔ながら要を得た日記をつけており、一八九五年から一九〇三年の日記が公開されている。活達な性格もあって国内外の幅広い要人たちとの会見、会合と案件が記されており、生きた近代史となっている。なお刊行にさいして書簡類も付され、裏付けの資料となっている。

※　**陸羯南**

一八五七～一九〇七。津軽出身。東奥義塾で基礎をつくり、のちに上京し、やがて新聞『日本』の主筆と雑誌『日本人』を刊行。幅広いベースの政論に特徴があった。日清戦争後はリベラルな主張を展開した。

※　**志賀重昂**

一八六三～一九二七。三河国（愛知県岡崎）出身。札幌農学校ののち南洋地域を巡り『南洋時事』で有名になると、雑誌『日本人』の主筆、さらに農商務省山林局長をつとめ、政界にも入った。のち世界各地を巡り『日本風景論』を著し、啓蒙的地理学者となった。

なく南方でも列強の進出を阻止するために、同地域での調査と、日本人の活動を支援することなどを目的に、東邦協会を設立。篤麿はその副会長に就任した。

この協会は実践活動を欠いたが、会員数は千人に迫る勢いを示し、一部地域での調査と会報も刊行した。しかし、そのあと、日清戦争に日本が勝利すると、今後の日清関係のあり方に注目が集まるようになり、会員数は急減し、東邦協会は弱体化してしまった。

その後、新たな日清関係を論ずる団体が次々と生まれ、篤麿も同文会を設立した。東亜会と同文会はその代表的な存在である。

また『近衛篤麿日記』からは日清戦争後の日本と清国との連携強化や、清国領土に執着するロシアへの警戒感を強めていることが、当時の国際感覚として読みとれる。そこに篤麿がヨーロッパで実感した列強のアジア戦略をふまえた対応と、自らが日本のリーダーたらんとする自覚が窺《うかが》われる。

二　東亜会と同文会が合併

一八九七（明治三十）年に発足したのが東亜会であった。そのメンバーの三宅雪嶺《せつれい》、志賀重昂《しげたか》、陸羯南《くがかつなん》らは機関誌『日本人』を発刊し、直接的な西欧化から日本文化などを守るべきだとする言論派・政教社系のグループと、内田良平や平山周《しゅう》、宮崎滔天《とうてん》ら大陸浪人系、それに犬養毅や学生の井上雅二などが中心となり、多彩だが比較的若い構成員に特徴があった。

その目的は清国をめぐる時事問題を積極的に議論し発表する点にあった。

翌年、光緒帝を支え、立憲制などの改革を断行したが、西太后ら保守派の巻き返しで敗れ（戊戌《ぼじゅつ》の政変）、日本に亡命することになった康有為《こうゆうい》と梁啓超《りょうけいちょう》を入会させるという大胆な決議をしたが、財政難であった。

※　**三宅雪嶺**
一八六〇～一九四五。加賀藩出身。東大哲学科で学び、『日本仏教史』を刊行したあと文部省をやめ『日本』や『国民の友』、さらに改題した『日本及日本人』などで幅広い論陣を張った。

※　**内田良平**
一八七四～一九三七。福岡生まれ。早くから玄洋社に属し、東学党の乱には渡韓するなど行動的国枠主義者。孫文など革命党を支援したほか、東南アジアの独立を志す指導者へも支持。日本主議論を展開した。

※　**平山　周**

一八七〇〜一九四〇。福岡出身。中国で孫文に会い、滔天らと中国革命支持者となり、孫文の滞日の世話もした。恵州蜂起以降の孫文の革命運動を支援した。

※　**康有為**

一八五八〜一九二七。広東省出身。中国古典を修めたのち欧米思想にふれ、日清戦争に敗れたあと、立憲君主制への改革を主張し、光緒帝の支持を得たが、西太后のクーデター(戊戌の変)で追われ、日本へ亡命した。梁啓超は愛弟子である。

※　**梁啓超**

一八七三〜一九二九。広東省出身。若い時、康有為に会ってその思想に共鳴、感化され、以降康有為の片腕として活躍した。康と亡命

一方、同文会はその翌年に設立された。近衛篤麿の日記によれば、九八年六月に中西正樹、大内暢三《ちょうぞう》、白岩龍平、井手三郎らに同文会の組織と規約起草を命じている。近衛篤麿は東亜の問題についてはすでにいくつかの論考を発表し、「東洋は東洋人の東洋なり」と明快な主張で支那保全論に基づくアジア主義的姿勢を示していた。同文会はその理想実現への第一歩として構想されたのである。

その目的は、清国問題の調査研究と事業助成、上海に同文会館と同文学堂を設け、日清間の交流と教育にあたる。そして東京と上海で雑誌のほか各地で漢字新聞も発行することとし、全体としては両国の商工

東京・赤坂溜池に建てられた最初の東亜同文会

業の発達をめざし、政党活動はしないとした。

篤麿は長岡護美《もりよし》、谷干城《たてき》、清浦奎吾《けいご》ら貴族院議員のほか、柏原文太郎、五百木良三《いおき》、中野二郎、高橋謙、田鍋安之助、それに岸田吟香などを勧誘して会員をふやした。荒尾系や日清貿易系の壮年メンバーが揃《そろ》った。

しかし、同文会も資金源に苦慮した。事業計画は多岐にわたり、それに見合う寄付金は集まらなかった。そこで政府に働きかけ、外務省の資金援助の可能性が生じたが、やはり財政難に悩む東亜会も同様であり、外務省からは両会の合併という条件で大幅に減額されたものの助成金が出ることになった。

両会は手法に若干の違いはあれ、めざす方向は共通していた。両会にまたがる会員もおり、合併は容易と思われたが、篤麿が前述の康有為と梁啓超の入会に強く反対した。篤麿は両人の加入により新たな組織が清国から反清政治団体とみなされることを避けたいとの思いが

した日本で言論活動も行ったが、激しい革命論は控えた。

※ **中西正樹**
一八五八〜一九二三。美濃（岐阜）出身。二十八歳で外務省留学生として北京へ。のち中国各地を巡り、漢口楽善堂の一員になる。その後、日清貿易研究所設立にも協力した。

※ **大内暢三**
一八七四〜一九四四。福岡県出身。コロンビア大留学後、早大の教員となり、その後、篤麿の下で活躍し、篤麿亡きあと、その志を継ぎ政界に入る。のち東亜同文書院大学学長になり、リベラルなふんいきを守り育てた。

※ **白岩龍平**
本文181ページ参照。

あったためである。最終的には東邦協会による調停が必要であった。

こうして、九八年十一月二日、両会の名をとって東亜同文会が誕生した。日清関係の有為で実績ある人材をまとめあげ、日清問題に対処する最大の民間組織となった。会長には近衛篤麿が就任、実力メンバーで幹事役や評議員を固めた。

三　劉坤一、張之洞に会う

こうして東亜同文会は近衛篤麿を会長に、東亜会と同文会を結集し、新たに誕生した。同会の原則である綱領は、「一、支那（中国）の保全　二、支那及び朝鮮の改善を助成す　三、支那及び朝鮮の時事を討究し実行を期す　四、国論を喚起す」と定めている。

趣意書では、「日清両国の交や久し、文化相通じ風教相同じ。情を以《もっ》てすれば即《すなわ》ち兄弟の親あり、勢を以てすれば即ち唇歯の形あり」と

※　**井手三郎**
一八六二～一九三一。肥後（熊本）出身。地元で中国語を学び上海へ。そして漢口楽善堂へ。東亜同文会の立ち上げを支え、同会の評議員と上海支部長となり、『東亜時論』などに上海情報を寄せた。「上海日報」紙も刊行した。

※　**長岡護美**
一八四二～一九〇六。肥後出身。子爵で貴族院議員。七二年から七九年まで欧米に留学し、外務省からベルギー、オランダの公使となる。

※　**谷干城**
一八三七～一九一一。土佐藩出身。若き時代坂本竜馬に傾倒。西南戦争では熊本城を死守し中央政界へ。伊藤博文の欧化政策や日露戦

争に反対した。学習院院長も務めた。

※　**清浦奎吾**
一八五〇～一九四二。肥後出身。山縣有朋に抜擢され、内務省警保局長からさらに政界入りし、山縣亡きあと内閣総理大臣になる。貴族にもなった。

※　**田鍋安之助**
一八六四～?　福岡県出身。海軍軍医学校のあと上海で医者となり、日清貿易研究所の衛生部長になり、さらに南京同文書院の監督役にもなった。東亜同文会の理事も勤め、バランス感覚のよさで信頼を得た。世界も巡り、『亜富汗斯坦（アフガニスタン）』を著訳した。

※　**東亜時論**
東亜同文会が東亜会と同文

始まり、以下両国政府は公と礼を重んじ、知識人や指導者たちは互いに富強をめざすことを願い、東亜同文会を設立したと説明している。清国の保全と日清提携による列強への対応は篤麿の信念であった。

　東亜同文会が発足した一八九八（明治三十一）年の十二月には『東亜時論』第一号が発刊された。篤麿はその中で、以上の原則論と趣旨をふまえて論じ、態度が不明確な政府を批判し、同会の姿勢を示した。あわせて会の事業計画作成に着手したほか、幹事長に陸羯南《くがかつなん》、幹事に田鍋安之助や柏原文太郎らを入れ、新設した評議員に貴族院議員の長岡護美《もりよし》と犬養毅、衆議院議員の星亨《とおる》、それに岸田吟香ら民間人も加え、組織強化を図った。そのあと亜細亜協会も同会に合同している。

劉　坤一

　そして、近衛篤麿は九九年四月、欧米視察旅行に出かけた。その経過は日記に詳しい。欧米だけでなく、インドやアジア各地、さらに清国の寄港地ごとに多くの訪問者に応接する多忙な旅行であった。それが原因で帰国後、体調を崩し、死を早めることになったと思われる。この半年ほどの旅行は篤麿の人生にとって最高潮の時期であった。

同年十月二十九日、篤麿は広東、上海を経て南京へ到着した。ここで清国の政府要人のうち最も重きを置いた改革派の両江総督（江蘇、安徽《あんき》、江西の三省の総督）劉坤一《りゅうこんいつ》に会っている。二人は日清両国の交情を深め、列強の甘言に乗らないことで意思が一致。篤麿は加えて日清同盟論を示している。併せて東亜同文会の趣旨を説明し、南京に学校を設けたい旨を申し入れると、劉は「できるだけ便宜を図りたい」と快諾した。

篤麿はさらに漢口を訪ね、もう一人の面会相手である湖広総督張之《ちょうし》洞《どう》と広く意見を交わした。とくに張の強い要望で、清国学生の日本留学と、日本教員の清国への派遣という教育交流計画に合意している。

会の合併によって誕生した一八九八年、その機関誌として一八九八年十二月から九九年十二月まで刊行された二十六冊で、東アジア情報や会の組織強化情報が中心。

※ **亜細亜協会**

一八八〇年、アジア主義を唱える興亜会が誕生し、東アジア情勢の変化の中、八三年に亜細亜協会、一九〇〇年に東亜同文会へ吸収された。

※ **劉坤一**

一八三〇～一九〇二。湖南省出身。太平天国での戦功で、江西巡撫から両広総督、両江総督へ昇進。洋務運動、さらに、康有為の変法運動を支持した。西太后にも教育、行政の刷新を訴えた。

※　張之洞
一八三七〜一九〇九。直隷出身。西太后に引き立てられ、山西巡撫、両広総督、湖広総督を歴任し、殖産興業、鉄道誘致につとめた。対義和団の乱では劉坤一と手を結んだ。

その際、孫文について議論があったが、張は「鼠賊《そぞく》のみ、歯牙にかくるに足らず」と孫文を過小評価し、また外交問題にもあまり関心を示さなかった。篤麿は劉総督に比べ見識が甘そうだと分析している。

いずれにせよ、篤麿は自ら積極的に清国の指導者に働きかけ、東亜同文会が両総督と交わした教育事業を展開する途《みち》を切り開いた。

四　留学生に父、母と慕われて

近衛篤麿が劉坤一《りゅうこんいつ》と張之洞《ちょうしどう》両総督と合意した教育交流によって、張はすぐに清国の留学生十三人を日本に送り込んできた。篤麿は一八九九（明治三十二）年、その受け入れ校として東京同文書院を設けることで対応した。場所は留学生の増加に伴い、当初の牛込から三崎町、赤坂檜町、神田錦町、目白へと転々とした。

一九〇一年二月には東京同文書院は東亜同文会の直轄とされ、監督に根津一が就任した。そのあと根津が上海東亜同文書院の院長に就任することになり、その後任を東亜同文会の幹事となった柏原文太郎が主任として担うことになった。

その前年十月の『東亜同文会報告』によれば、東京同文書院の教育方針は、「知識を養成すると共に観察力を養い、真乎有為の青年を造る」とあり、英文、算学、歴史、地理、理学、筆記、会話、翻訳、読本、文法、初級会話、初級算学、日本語などの科目が設けられた。

教員は語学教育の金井保三、『広辞苑』編集の新村出ほか四人だが、東京同文書院の研究者である保坂治朗氏によれば、のちにイギリス法

東京・目白の東京同文書院

※　**五・四運動**

一九一九年五月四日、北京天安門広場で北京の学生達が旧ドイツ権益を日本が受容することのベルサイユ条約反対や反日のデモ行進をした。一五年の日本からの二十一カ条の要求などへの反発があった。

の杉村広太郎、化学の片山正夫、英文の前田元敏、洋画家の小林萬吉、国語学の亀田次郎、そして宮崎民蔵（滔天《とうてん》の兄）などが加わっていたことを明らかにし、きわめてすぐれた教員による布陣であった。

来日する清国の留学生は日清、日露戦争のあと急増し、とくに日露戦争後は「日本に学べ」と多くの留学生が東京同文書院へも押しかけた。しかし、一九一九年に五・四運動が中国で始まり、排日の声が高まると激減し、二二年に閉校せざるを得なくなった。

日露戦争で日本が勝利すると、植民地下のアジアでは民族独立の機運が高まった。そんな中、フランスの植民地ベトナムでも「日本に学べ」という東遊運動によって若者たちが東京同文書院へ留学してきた。外務省資料によれば最盛期には六十人も入学している。柏原院長夫妻は留学生たちに深い愛情を向け、彼らからは「日本のお父さん、お母さん」と慕われた。また、送り出したベトナム人も留学生をカンパで支援し、彼らも好成績でその期待に応えた。

※　浅羽佐喜太郎
一八六七〜一九一〇。静岡県旧浅羽村（現・袋井市）出身。留学に来たベトナム学生のベトナム独立運動に対するフランス政府からの弾圧に、医師をしながら資金援助をした。旧浅羽村に記念碑が建立されている。

しかし、そのリーダーにベトナム独立運動家潘佩珠《ファンボイチャウ》がおり、学生の間に独立運動思想が広まると、フランス政府から日本政府へ圧力がかかり、多くの留学生は帰国せざるを得なくなった。しかも、帰国するや留学生のみならず、家族や関係者まで四百人が逮捕、投獄されてしまった。

柏原はその顚末《てんまつ》記録で、当局に寛容な態度を求める心中の思いを記している。ベトナム戦争後、現地ではその掘り起こしがすすみ、柏原と東京同文書院、留学生を援助した静岡県の浅羽佐喜太郎などに光が当てられている。

五　東亜教育のネットワーク

近衛篤麿が劉坤一《りゅうこんいつ》の同意を得た、もう一つ実現すべき教育事業が南京同文書院の開設であった。それは本格的な学校を設置しようとするものであったが、東亜同文会設立以前にそれをサポートする広範な活動が存在したことも示しておきたい。

一つは清国や朝鮮各地の会員が発信した情報を掲載した「東亜同文会報告」に毎号、東亜同文会が援助すべき清国の学校の動向や、朝鮮に新設または計画中の学校の状況が記されていることから、それらが裏付けられる。

例えば、一九〇〇（明治三十三）年四月号には井手三郎の上海、福州支部の福州、沢村爵南の廈門、宗方小太郎の漢口、真藤義雄の平壌、原口聞一の広東、佐伯達の城津と、各報告が載り、平壌発で開設した日語学校が好評とある。また、南昌では明達学校を支援すべく同文会から二人派遣され、四十余人の生徒

笹森儀助

が集まったが、「同文会が康有為《こうゆうい》と梁啓超《りょうけいちょう》と関係あり」とする人物から横槍《やり》が入り、解散せざるを得なくなったこと、その背景には江西の官吏が新党と外国人を喜ばない風潮があり、その策謀だとしている。

次の五月号では、宗方が漢口報告で西太后の死が与えた地方の動揺ぶりを伝え、清国の寿命は三〜六年と予測している。また、広東や上海からは、各地の学校に東亜同文会から派遣される教師の数や、その現況報告がある。とくに上海報告では、同文滬《こ》報をいかに既存の三大新聞に対抗させるかや、淮安に日本人が設立した東文学堂への助成金の見積もりなどが記されている。このほか、朝鮮の城津、元山、木浦などの動向が報告されている。

東亜同文会は清国だけでなく、朝鮮との教育交流も柱にしている。そのため適地調査に早々と入り、まず朝鮮北辺の北青を候補にしたが、住民から頑強に拒まれ、城津に学校を設けることになった。堂長には笹森儀助を就任させている。笹森は弘前藩の出身で、千島や琉球の南島探検で有名になった。陸羯南《くがかつなん》の紹介で近衛篤麿とも面識があり、東亜同文書院の嘱託として朝鮮での教育普及事業に努めた。

科目は修身、算術、読書、語学、作文、地理、歴史の基礎学力中心で、十八人の生徒を、当時の朝鮮の士族と平民の二クラスに分けている。そのほか平壌日語学校を設け、ここでは生理、動植物、体操の三科目を加えている。また京城学堂への補助と元山の韓南学堂、達城学堂への補助計画もすすめている。

このように南京同文書院設立前の一年間に清国と朝鮮で現地生徒用の学校開設や学校助成、新聞発行と既存紙への助成を図るという東アジア教育文化事業の広大なネットワークを篤麿は構想し、実践段階まで入っていたことがわかる。

六　新拠点を南京から上海へ

広大なアジア教育文化事業ネットワークの総仕上げの核となるのが南京同文書院の開設であった。構想の実現に向け、動きだした近衛篤麿にとってはアジアでの対列強戦略の具体化であったに違いない。

南京同文書院はその構想のもと「日清両学生を収容し、日本学生には支那語を主とし、傍ら実地に適切なる政治経済の課を授け、支那学生には日本語を主とし、傍ら科学の思想を注入するを目的とす」とした。すぐに清国学生の希望者が現れたが、東京同文書院が開学したため、清国学生はそちらへ受け入れ、南京は日本学生が主になった。

そして学生を日本から集めるため、書院の存在を周知させる必要があった。そこで各府県を巡り、地方税で数人ずつの派遣を要請したが、すでに次年度予算を確定した府県が多く、わずかに熊本、広島両県が臨時県会で学生の派遣を決めたにすぎなかった。これ以外は有志が派遣したり、私費留学であったりで、東亜同文会からの留学生を含め四十人余りが初年度の入学生となった。

そこで一九〇〇（明治三十三）年五月から近衛会長自らが広島、岡山、京都、名古屋などで南京同文書院の教育目標の説明と学生集めの遊説をした。藩閥政治に批判的な篤麿に、同調しない府県もあったと思われるが、日清戦争後の各府県は清国自体や清国との通商に関心は高く、遊説会場はどこも大入りの人気であった。その上、広島、京都、のちには弘前や青森で東亜同文会の支部が結成され、名古屋でも計画するほどの反響があった。

南京同文書院の学生たち

そして、その経験を生かし、さらに田鍋安之助、小川平吉、井上雅二ら五人が全国に遊説に出ている。その結果、府県の公費生＝一府十六県四十二人、その見込み＝六県十五人ほど、未定二県、見込みなし七県、私費留学＝三県四人、その見込み＝二県、数未定＝一という成果をあげた。のちの東亜同文書院の入学システムがここに形を現し始めたことがわかる。

なお、同書院修業年限は三年、政治科と商務科からなり、すべて学生は寄宿舎生活。支那語学、英語学、倫理学、地理、歴史、法学、経済学、財政学、支那制度及律令《りつりょう》、商業学、実地修学旅行が修得すべき科目で日清間の相互理解と実務をめざすサブ科目がその中で多数揃《そろ》えられた。

院長は佐藤正が病気で辞退したため、根津一が同会に入会して院長になり、続く東亜同文書院時代の骨格が形成された。そして折からの義和団の乱による革命機運の影響を避けるため、田鍋が監督に派遣されたが、学生は穏やかではなかった。義和団の乱で南京も危うくなったため、根津は南京での新校舎建設を断念。かねて考えていた上海での新拠点実現に方向転換した。それが一九〇一年に開学する上海東亜同文書院の新たな幕開けとなった。

第四章

文武の異才、根津一

※　露清密約

一八九六年、モスクワでロシアと清の間で秘密裡に締結された条約。清国側は李鴻章が交渉。日本がロシアか清のいずれかを侵略した場合、互いに防衛することあわせてロシアの満州での権益を認める内容で、日露戦争の原因にもなった。

一　軍人への道

近衛篤麿《このえあつまろ》は東アジアでの教育文化事業ネットワーク構想の実現を実感しつつ、ロシアの満州（中国東北部）進出に危機感を募らせ、国民同盟会を結成。露清密約が明らかになると、さらにロシアを警戒し、対露戦略を政府に迫った。しかし一九〇三（明治三十六）年に体調を崩し、翌年一月、四十歳の若さで荒尾精《あらおせい》のあとを追った。篤麿の危機感はその翌月、日露戦争の勃発によって現実となった。

もし、荒尾と篤麿がその後も存命であったら、日中戦争や太平洋戦争はどうなっていただろうか。歴史に仮定はないが、そんな思いがよぎる両巨星の惜しまれる死であった。

壮年期の根津一

そして、その空白を埋める役割を担うことになったのが根津一《ねづはじめ》であった。

　根津一は一八六〇（万延元）年、山梨県東山梨郡日川村（現山梨市）に根津勝七の次男として生まれた。生家は素封家で、先祖は村の開拓をした草分けとして代々庄屋名主をつとめた。祖父は醸造業も営むなど生活は豊かだったというが、その祖父が遊興のあまり、事業に失敗。父は家運再興のため質素堅実を旨として、根津はその厳しい家風の中で育った。

『山洲根津先生伝』によれば、十歳すぎには漢籍に凝って頼山陽の『日本外史』や『日本政記』を反復し、十四歳の頃には「大学中庸孟子など四書の類《たぐい》、それから易まで読んだようです」と幼少期の知己が語っている。とくに『大学』は手から離さず、遊び仲間が来ると同書の講義を長々と続けたという。根津の人生の中での儒学はすでに幼少期から親しんでいたことがわかる。

　明治維新直後の欧米化の風潮の中、十七歳の根津は欧米留学に青雲の志を抱き、横浜でヘボンが顧問をつとめる師範学校を志願し、合格している。ヘボンは岸田吟香《きしだぎんこう》の才能を見いだした人物である。根津の志は大きく第一歩を踏み出したかにみえた。しかし、根津はこのあと不運にも病に倒れ、米国留学の夢は断たれた。もし、根津が健康で米国に留学していたら、根津がその後の人生の中でくりかえした反欧米主義ではなく、逆にその推進者になっていたかもしれない。そして日清、日露の二つの戦争、さらに日清貿易研究所や東亜同文書院のあり方まで変わっていたかもしれない。この一件は根津の思想の大きな分岐点になった。

折しも明治維新直後の日本は、新しい改革がすすむ中で、新体制派と旧士族による旧体制派との衝突があり、それが形をあらわしたのが、旧薩摩藩の西郷隆盛の私学校を中心にした西南戦争（一八七七年）であった。政府はそのような動きに対応するため陸軍教導団の生徒を募集。根津は志願者五百人のうち十三人の合格者に入った。根津の人生は軍隊の道へと舵《かじ》が切られたのである。

二 ドイツ教官と激論…退学

陸軍教導団へ優秀な成績で入学した根津一は、軍人への道を突きすすみ、その才能を発揮した。一八七八（明治十一）年十一月、陸軍教導団を首席で卒業すると陸軍一等軍曹となったが、志願していた熊本の野戦現場への従軍ではなく、翌年には陸軍士官学校への入学命令があった。そこで騎兵、工兵、砲兵の各科を経て、八三年に卒業した。

士官学校時代、根津は仲間同士で精神を鼓舞する会をつくり、「谷《や》中会《なかかい》」と称した。そして、一年あとに士官学校へ入学した荒尾精が谷中会にも参加し根津と巡り合った。根津は荒尾が志向する「支那の保全と改良」という広大な視点に強い刺激を受け、自らの使命を自覚することになる。こうして荒尾を尊敬するとともに意気投合し、無二の

※ **陸軍大学校**
一八八三～一九四五。東京・北青山に設置され、陸大とも呼ばれた。大日本帝国陸軍の将校を養成した。根津一も学び、中退した。

親友となり、その後、荒尾の活発な言動を裏から支える役に徹した。谷中会は根津の卒業後も続き、多くの指導者が育ったが、それだけにその後の相次ぐ戦争で犠牲者も多かったという。

八二年に荒尾が卒業すると、翌年には根津も卒業。八五年には広島鎮台砲兵隊付へ赴任すると同時に陸軍大学校へ入学した。根津は教導団在籍時に早くも天下の形勢や経綸《けいりん》を論じ、その中で「陸軍大学設置論」を展開し、雑誌へも寄稿した。

メッケル少佐

その大学校へ入学を命じられた時は、学問や理論だけでは戦いに勝てないと抵抗したという。このような経緯に次のような事件も加わり、根津は二年間で退学させられる事態になった。

根津が入学した八五年、日本陸軍はドイツからメッケル少佐を陸軍顧問に招いた。メッケルは陸軍に戦術、経理、衛生の改革と対外戦略の切り替えを行い、それまでのフランス方式からドイツ方式へと一大転換を図った人物である。

そのメッケルが大学校で教壇に立ち、「日本軍など予がドイツ軍の一個師団を率いれば簡単に撃破できる」と豪語じた。それを聞いた根津は日本将校にとって恥だと反発。以降は講義のたびにメッケルと激論を交わした。そして二年目の演習後の答案には、メッケルの戦術内容を全く無視して「日本式」と称する内容を提出した。これにメッケルは激怒して帰国しようとしたが、校長が仲裁に入り、その場は収めた。しかし、その後も激論は続き、ついに参謀総長から根津の退学措置がとられるに至った。メッケルは根津を文明国の将校ではないと酷評したという。

根津は自叙伝で、この一件に触れ、全く反省はしなかったとし、むしろ大学校では荒尾との約束の東亜戦術を学び終えることができたとしている。

また、メッケルについては、日本陸軍の恩人であり、「日清戦争の勝利は彼に負う」と評価している。一方で、この一件は根津の軍人としての自信と愛国精神、自らの戦術修得への熱意を示すものとなった。

三　日清戦争で九死に一生

陸軍大学校を退学した根津一は、仙台砲兵連隊に一週間身を置いただけで参謀本部へ転勤した。退学で昇進の道は断たれたが、荒尾精と志を同じくした清国へと関心は強まっていった。道徳、政治、経学、文章学や兵学をさらに学び、参謀本部支那課で清国研究も深めた。そのあと東京砲兵連隊付となるが、脚気《かっけ》となり、箱根や会津東山の温泉治療で乗り切った。これも清国への強い志がそうさせたと自叙伝は伝えている。

※　**参謀本部**
一八七八年、それまでの陸軍省参謀局を参謀本部と改称し、陸軍省から独立した。八八年には海軍参謀本部も設けられた。

※　**脚気**
ビタミンB1欠乏症。心不全と末梢神経障害となり、脚のむくみやしびれが生じ

ることから呼ばれた。初期の書院生や日清戦争の兵士にも多発した。

一八八九（明治二十二）年、荒尾が清国から東京へ戻ると、荒尾の清国情報をもとに早速日清貿易研究所の設立に着手した。荒尾は各地を遊説して学生を募り、根津は財政を担当した。九〇年には百五十人ほどの学生を選抜し、荒尾が上海へ引率するが、財政の展望が開けず、苦労した。

根津はこの年、研究所監督として初めて渡清し、漢口と上海を往復している。そのあと荒尾や漢口楽善堂《らくぜんどう》が収集した膨大な清国の地域情報を編集し、『清国通商綜覧《そうらん》』を刊行したことは前に触れた。さらに九三年には中清、北清、満州、朝鮮を視察し、意見書を提出したあと、軍服を脱ぎ、京都南禅寺近くで隠棲《いんせい》してしまった。激動の時代の幕が開く直前のことであった。

自叙伝によれば、研究所設立時に自らの知徳が足らぬことを知り、数年間修行の必要を感じ、荒尾の了解を得て隠棲したという。かつて鎌倉円覚寺の洪川《こうぜん》和尚に付いて参禅した効果があったことから、京都

旅順へ上陸する日本軍

林丘寺の滴水和尚のもとで参禅をしたという。それは次の大事変を予感した心の準備であったようにも思われる。

案の定、九四年、朝鮮で甲午農民戦争（東学党の乱）が起きると、日清両国が朝鮮へ出兵し、日清戦争が勃発した。根津は参謀本部から出仕の要請を受け、清国の情勢把握の任で派遣されている。政府機関が引き揚げたあとの清国情報の空白をカバーする役で、日清貿易研究所卒業生からの情報を上海でまとめている。危険な状況にも遭い、死を覚悟したこともあったという。

そして帰国時、名古屋駅で広島へ向かう天皇を見送るさい、天皇から清国情報と、それをふまえた意見を述べるよう求められ、広島まで随行し、二時間半に及ぶ奏上をしている。根津の忠君愛国の思想からいえば、最大の名誉であったに違いない。

しかし、そのことがあってか、第二軍司令部付として根津は日清戦争の現場へ送られることになった。遼東半島や金州での上陸作戦の戦略を練り、自らも司令官として指揮するが、九死に一生を得るほど過酷な戦場体験をしている。

そして、九五年、帰国するとすぐに軍籍をはずれ、今度は京都・若王子で本格的な隠棲生活に入った。

四　参禅と鎮魂の日々

根津一は一八九五（明治二十八）年十月から京都東山の静寂な丘陵地である若王子《じゃくおうじ》に隠棲《いんせい》し、外部との面会を一切断るほどの修行生活に入った。根津が不在中は荒尾精に貸していた寓居《ぐうきょ》であった。今日ではすっかり住宅地が広がっているが、百年以上前の当時は農地が広がり、その東側の丘陵地の一角にこの寓居があった。静寂な空間であった。家の前の小さな石碑が荒尾と根津の歴史を今に伝えている。

根津はここで四年余りを過ごした。毎日八キロ近い道を林丘寺滴水和尚のもとへ参禅に通い、さらに九六年から二年間は元盛岡藩の儒学者太田代東谷《おおたしろとうこく》を京都へ招き、朝夕に儒学の教典の講義を受け、研鑽《けんさん》を積んでいる。これがのちの東亜同文書院での院長としての精神的な柱をより確かなものにしたといえる。

しかし、この隠棲の修行は自己研鑽だけではなかった。志半ばに世を去った若者たちや無二の親友たちへの弔いの時でもあった。まず、日清戦争前半期に日清貿易研究所の卒業生と漢口楽善堂《らくぜん》出身の若き志士ら九人が、根津の意向を汲《く》んで清国内で情報収集活動中に捕らえられ、命を絶たれたことへの自責の念があった。部屋に仏壇をつくって祀《まつ》っただけでなく、彼らの遺児を書生として寓居で面倒をみるほどであった。そして、荒尾と相談し、寓居のすぐ下に彼ら九烈士の鎮魂の碑を建立している。その行動から、根津の隠棲は教え子たちの弔いのためであったとも思われる。

そして碑の建立直前には根津と心をひとつにして歩んできた荒尾が台湾で客死している。同志を失った根津は奈落の底へ落ちていくようであったに違いない。隠棲が長期にわたったことがそれを物語っている。根津は自叙伝の中でこの件については触れていない。恐らくはその無念さを、荒尾の志を受けてそれを体現していこうとする強い意志へ転換していく覚悟が修行の中から生み出されたためであろう。それがその後の東亜同文書院を発展させる力になったと思われる。

九烈士の碑

荒尾の死を悼み、近衛篤麿は九烈士の碑の隣に巨大な碑を建立した。その後碑文は苔《こけ》むし、読めなくなっていたが、数年前、書院四十二期

※　三田良信
書院四十二期生。日本語教育研究所で漢字検定の指導者。石川漢字友の会相談役など。古文書、碑文の解読で活躍。

生の三田良信氏が苔を一掃し、碑文をよみがえらせている。

ところで、根津は隠棲の毎日を禅修行だけで過ごしていたわけではない。経書のほか、歴史、政治、経済などの書を読み、それらを研究するとともに、日清戦争後の日清関係、列強三国の日清への干渉問題、そしてロシアの南満州一帯への進出にともなう日本の危機と対露戦略などの研究もすすめていた。

そして荒尾が客死する三カ月ほど前、荒尾の媒酌で根津は栄子夫人と結婚している。挙式の衣装はすべて荒尾が世話し、夫人を驚かせたという。多くの書生をかかえ質素倹約に徹し、外出時はいつどこへ行くにも決まったフロックコート一着、好きな酒も姿勢を崩さず呑《の》んだという。根津の価値観がそこにあった。

そして、一九〇〇年、篤麿から根津に呼び出しの声がかかった。

五　清国の崩壊を回避

一九〇〇（明治三十三）年、根津一は特使高橋謙を経て近衛篤麿から呼び出されて上京し、四年余りの隠棲《いんせい》生活から再び表舞台へ登場した。根津と篤麿の出会いは、その前年、根津がまだ隠棲中の京都であった。篤麿はすでに南京同文書院の設立に動いていたが、根津は上海に本格的な学校を設置すべきだという自説を篤麿に示し、彼もそれを了解している。これがのちの上海東亜同文書院につながることになる。

篤麿から一気に多くの仕事を課せられた根津は四十一歳。発足間もない東亜同文会の幹事長をはじめ、新設される南京同文書院の院長、東京同文書院の世話役、それに伴う学生募集の全国遊説や開院式など、やらねばならない役割と仕事が山のようにあったが、それらをこなした。

一方、山東半島から起こった義和団の乱により、南京同文書院を上海へ移転せざるを得ない事態となった。しかも清国政府が義和団を支持して列強に宣戦布告したのに対し、列強の連合軍は北京に進攻し、戦闘状態に入った。清国の崩壊を恐れた根津から「清国保全策」を提案された日本政府は軍を北京へ素早く進攻させ、占拠した。

この事態に劉坤一《りゅうこんいつ》は篤麿に日本政府を非難する電報を打ったが、それに対し近衛篤麿は、日本軍が先に北京を押さえたことで列強軍はそれ以上手出しができなくなり、清国の被害は最小限に留《とど》まったと返電した。それが劉の理解するところとなり、日本を評価、その後の東亜同文書院の支援にもつながった。根津の清国保全策が奏功した場面であった。この戦いのあと、根津が清国改革案を劉坤一と張之《ちょうし》洞《どう》の両総督に提案すると、両総督は清国政府にそれを奏上し、根津の提案に沿った改革も

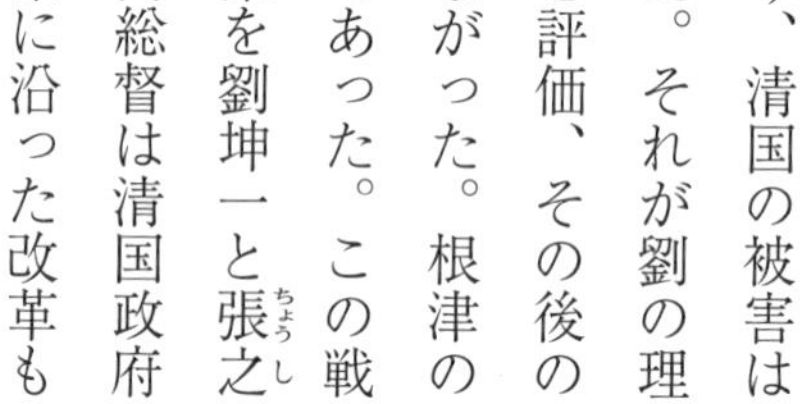
北京へ入った義和団

行われたという。

一方、ロシアは義和団事件で兵を満州（中国東北部）にすすめると、戦後処理の撤兵にも応じず、〇二年の日英同盟締結後も同様な態度をとった。しかも伊藤博文内閣に満州と朝鮮をロシアと日本でそれぞれ分割する案を示し、また露清密約も発覚した。それは根津が知ったロシア参謀次長ブレジュワスキー『支那攻略論』に沿った戦略であったことから近衛篤麿が中心になって対露同志会を設立。全国遊説でロシアの脅威を訴えた。それが一部書院生の募集時期と重なったため、対露協調を唱える政府は、書院への助成金を取りやめる圧力をかけ、篤麿の動きを牽制《けんせい》した。

しかし、国内ではロシアに対する主戦論が広がり、篤麿の死の直後、日露両政府の交渉は決裂、戦争へと突入した。根津一はこの間も誕生まもない上海の東亜同文書院の継続を図り、一方で戦場の後背地である満州を視察。各地に学校建設を提案し、一部は実現させている。戦争にあたっては戦略家として知恵を出した根津が、東亜同文書院の運営に特化するのは、日露戦争後のことである。

六　対等な国家関係を志向

この章の最後に、根津一がどのように清国を認識していたかについて触れたい。すでに言及したように、根津は幼少から『大学』など古典儒学の経書に親しみ、自らの姿勢や生活態度を律してきた。一時は欧米に憧れるが、病気で夢破れた。しかし、明治政府の新たな軍制整備の中で、軍人の道へ転じ伝統的武術を基本にしつつも、実践的戦術を学び、日清戦争では激しい戦場体験もした。

士官学校時代に荒尾精と出会い、荒尾の清国さらにはアジアの保全・改良論に触れ、そのためには日清の貿易を盛んにし、相互の経済発展を図るという方法論を聞いて覚醒させられた。そのあと近衛篤麿の推薦で東亜同文会の幹事長をはじめ南京と上海の両同文書院の院長に就任し、軍人の世界から経済や教育文化の世界へと変わっていった。

それは荒尾や篤麿が求める世界観の継承発展ではあったが、根津の倫理観の基本的な姿勢は、幼少時から親しんだ儒学の素養がもたらすものであり、荒尾や篤麿の方法論とは異なるものでもあった。

根津は日清戦争終結を両国提携の第一歩と考えた。それには新聞発行による情報宣伝と清国の官吏や教育者、実業家を日本へ招き、彼らの目で日本を見てもらうことが一番だとし、そのほか清国学生の日本への留学推進と孔子の生誕地・山東省曲阜《きょくふ》への経科大学開設による教育者の育成と学校への派遣などを提案している。

そして辛亥革命で中華民国政府が成立すると、南（孫文）と北（袁《えん》世凱《せいがい》）の双方の指導者に、財政や軍政、教育、貨幣と度量衡、金融、交通、産業の整理発展の意見を示し、感謝されたが、現実は国内分裂の混乱が続くことになった。

※　**小崎昌業**
一九二二〜　。書院四十二期生。引揚後愛知大学へ編入卒業。外交官になり、ルーマニアやモンゴルなど大使を歴任。霞山会の専務理事を長く務め、『東亜同文会史、昭和編』を編集、執筆。現在、愛知大学東亜同文書院大学センター委員も務める。

ところで辛亥革命勃発二年前の一九〇九年に、東亜同文会会長でもあった根津は、一八九八年の会設立時に篤麿が東亜会と同文会の意見を調停して設けた綱領にある「支那を保全す」の文言を削除する案を同会の大会に提案。若干の意見が出たが、了承された。

『東亜同文会史』を編集した
小崎昌業氏（霞山会理事）

　この事実は長く知られていなかったが、平成十年代に刊行された『東亜同文会史・昭和編』の編集を担当された小崎《おざき》昌業《まさなり》氏がこの資料を発掘、公表された。根津が示した削除の理由は、日清をめぐる国際関係の変化の中で、綱領の「支那を保全する」の文言は「支那ヲ余ホド下ニ見タ所ノ立前」であり、「友邦互ニ助ケ合フト云《い》フ意味デナイト」、国際感情として面白くない文言だと指摘している。それは日本の権益強化を中国側に一方的に押しつけた二十一カ条の要求に反対する姿勢にもつながった。

この一件は国家間の対等な関係を基本に考える根津の国際人としての認識の発展を示すものであり、それは東亜同文会の姿勢を形づくっていくと同時に、その後十五年間院長を務めた東亜同文書院の精神的な柱ともなっていくのである。

第五章

国際都市・上海

一　高昌廟桂墅里校舎

これまで荒尾精《せい》や近衛篤麿《あつまろ》、根津一《はじめ》の三人について人物像や思想、行動を追いながら、東亜同文書院へと収斂《しゅうれん》していく過程をみてきた。この三人は書院創設に大きくかかわった人物としてご理解いただけたと思う。

当初、荒尾の清国・漢口での私塾的組織が日清貿易研究所へと発展し、根津はその計画や運営にかかわり、荒尾構想を継承発展させるものとして日清戦争後、上海に本格的な学校を計画するに至った。一方、篤麿はそれとは別に東亜同文会の教育文化事業を実践するため、当時の政治的な拠点である南京に学校建設をすすめるべく、自ら清国に渡った。そこで劉坤一《りゅうこんいつ》と張之洞《ちょうしどう》の両総督から同意と協力をとりつけ、妙相庵という寺の敷地の一角に南京同文書院を開設することにし、一九〇〇（明治三十三）年には新入生を受け入れた。

それが順調にいけば、南京と、根津が構想していた上海とで二つの学校が併存する展開も考えられた。しかし、南京で授業が始まってまもなく、その少し前に山東半島で発生した義和団の乱が、いずれ南京にも波及するという情勢が伝えられたため、八月には南京同文書院を上海に移すことになった。その移設先はかつて日清貿易研究所が立地していた競馬場近くの退省路にある西洋館で、そこで再起を期すことになった。

当時の上海は、南京や漢口を含む長江流域を後背地とする港湾機能と金融経済の拠点として列強資本を中心に急速に発展しており、篤磨は以前から相談を受けていた根津の上海での学校設立構想に基づいてすすめることにした。

上海・高昌廟桂墅里校舎

こうして新学校名を東亜同文書院とし、南京同文書院の新入生は、東亜同文書院へ編入されることになった。問題は新校舎と、その用地を上海に確保することであった。そのために準備委員として日清貿易研究所卒業生の景山長次郎が参加し、翌〇一年には日本から入学する第一期生も迎えることもあり、短期間ですすめた。

その結果、場所は黄浦江左岸で、市街地やフランス租界より約一、二キロほど離れた南の高昌廟桂墅里《クイシュリ》にある建物を校舎に利用することになった。二〇一〇年に開催された上海万博会場の西南端部分の近くにあたる。当時は周囲が田園で、新入生を率いた根津院長一行は、河岸に到着したのが夜遅かったため、暗夜に一時間ほど、この校舎をさがしてさまよい歩いたという。

こうして、初の東亜同文書院の校舎が開設された。そしてのちにこの校舎は高昌廟桂墅里校舎と呼ばれる運命にあった。それはこの校舎に南接し、黄浦江沿いに清国随一の規模とされる総合的な軍需工場である江南機器製造総局が立地していたためである。

二　海外で勉学の夢

上海の東亜同文書院は、日本人の手で海外に開設された初の本格的な専門学校である。すでに南京同文書院生募集の全国遊説で好結果を得た経験から初代院長となった根津一は、義和団の乱への対応に加え、全国遊説もこなす多忙な中で、各府県の公費生五十一人、私費生五十八人を確保。一九〇一（明治三十四）年四月二十五日、全員を東京へ招集し、華族会館（旧鹿鳴館）で招見式（入学式）を挙行した。

式で東亜同文会の近衛篤麿会長は書院設立の目的を述べ、「学業を初志貫徹し、日本人としての名誉を守り、血気にはやらず、体に留意して…」など、異国での学生生活を送る上での注意を喚起した。

書院一期生の一行は東京帝国大学や横須賀造船所などを見学したあ

と横浜から船で神戸へ上陸し、大阪城、大阪商品陳列所、砲兵工廠《こうしょう》、新聞社などを見学したあと、神戸港から根津の引率で上海へ向かった。六期生以降は東京での宮城参拝が加わったり、さらに京都や伊勢、長崎なども訪れるが、この東京への招集と入学式、そのあとの見学は一期生以降ずっと継続される伝統行事となった。

東京・華族会館での招見式（入学式）

当時は日本がまだ資本主義経済の草創期にあり、基本的に農業国であった。書院生も当然農村の旧制中学校や商業学校の出身者がほとんどで、いきなり国際都市上海で生活をさせる前に自分たちのよって立つ国の現状を認識させる必要があった。東京や大阪では都心の一流旅館に宿泊し、都会と先端産業を見せるという配慮がなされ、そこに根津院長が荒尾精や近衛篤麿から受け継いだ国際感覚があらわれている。

また、書院生募集も特徴があった。すでに南京同文書院で原形がみられたように、各府県ごとに官費で入学生を選抜する方法である。そのために、かつて篤麿は府県を遊説し、人々に清国との貿易、教育文化交流の必要性を説き、知事や府県議会の了承を得るという努力を重ねている。それを前例に、東亜同文書院の学生募集も根津院長自らが遊説し、東亜同文会の指導者たちも手分けして各府県を遊説して巡った。

日清戦争の勝利は、各府県知事の目を清国へ向けさせる好機となり、次第に全府県が二人前後を選抜し、書院へ送り込む方式が全国に広がっていった。この方式は東亜同文書院の財政を支えただけでなく、優秀な学生を集めることもでき、一石二鳥であった。

当時の日本では、優秀な生徒でも旧制中学校からさらに進学するのは経済的に難しかった。そこへ師範学校や軍関係の学校以外の貿易関係分野で、書院が進学への道を切り開いたことは画期的であった。しかも東アジア最大の国際都市・上海での勉学は、多くの学徒に夢を与えた。

三　校舎の変遷と因縁

一九〇一（明治三十四）年五月二十六日、上海の高昌廟桂墅里《クイシュリ》校舎で日本からの学生六十八人、南京同文書院から編入した学生十一人が出席して開院式が盛大に開かれた。会場には東亜同文会から会長代理の長岡護美《もりよし》副会長が、また上海総領事や、戦艦「扶桑」「明石」の両艦長など官民多数が列席した。清国側からは劉坤一《りゅうこんいつ》総督の代理で袁《えん》上海道台、張之洞《ちょうしどう》総督の代理で劉上海知県、そして直前に南洋公学（のちの上海交通大学）を創設した盛宣懐らが、このほかイギリスからウィルキンソン英国高等裁判所長ら内外あわせて五百人が集い、式後は打

※　**盛宣懐**
一八四四～一九一六。江蘇省出身。李鴻章に次々と近

代事業を提言し実施。さらに光緒帝に西洋式学校を提言し、天津の北洋公学のあと上海に南洋公学を開設。鉄道事業にも関係したため、上海交通大学と改称された。鉄道国有化を提言したため、武昌で辛亥革命が起こり、日本へ亡命した。

書院の開院式に来賓として列席した盛宣懐

ち上げ花火とともに大饗宴《きょうえん》が開かれたという。

　ところで、長岡副会長が式典に先立ち同書院を査察し「校舎の如《ごと》きも曽《かつ》て仏国人が女学堂に充てん為《た》め特別に建築したるもの」としたうえで、教室や寄宿舎、厨房《ちゅうぼう》、浴室、便所まで完全に整備され、空気の流れ、運動場の施設も内地の高等学校に比べ遜色はなく、食事も六品以上あり、「その配膳の美しさは日本人も考えつかないほどだ」と記している。

　しかし、『東亜同文書院大学史』によれば、この校舎は電報局総弁だった経元善が居宅の隣に建てた中国式貸家四棟で、かつて学校に使用していたものを書院が借りたという。初年度は二階建て二棟を寄宿舎に、平屋一棟を二教室に仕切り、院長室と教職員用に別の一棟を充てた。南京や上海退省路の建物よりは整っているが、電灯や電話、水道はなく、井戸水にはボウフラが浮いていた、と当時の教授根岸佶《ただし》は振り返っている。筆者も以前から、この校舎のイメージがつかめなかったが、その後、愛知大学東亜同文書院大学記念センターの元研究員石田卓生氏が、当時の地図から校舎の興味深い変遷を明らかにした。

それによると、上海財界の有力者で光緒帝を支える洋務運動家であった経元善は一八九三年に梁啓超など知識人を教師に迎え、ここで経正学院を開設するが、九六年に前出の盛宣懐が南洋公学を創設すると、経正学院を南洋公学に編入。さらに経は九八年、その跡地に西洋式の女学校を開設した。長岡副会長の記録はこうした変遷にこだわったとも考えられる。

しかし、変法運動支持者とされた経は、上海を追われ、マカオへ逃避。女学校の閉鎖後には、日本語と日本経由の洋学を学ぶ羅振玉の学校「東文学社」が入居し、日本人教師も教壇に立ったという。羅は一九〇一年に張総督と盛の世話で武昌へ転任し、同校も閉鎖。そしてそのあとへ東亜同文書院が入ったというわけである。

以上の経過から、開院式に来賓として列席した南洋公学の創設者盛は張総督らとともに同書院の上海での開設に賛同し協力したものと思われる。東亜同文書院の末期はその盛が創設した上海交通大学を借用している。書院の出発と終末にこの盛宣懐が関係しているのは興味深い因縁である。

四　語学、実学を徹底教育

二十世紀の幕が開き、上海の高昌廟桂墅里《クイシュリ》に東亜同文書院が開設され、荒尾精や近衛篤麿、根津一の志が形になり始めた。

新生の書院はその開設目的を、「興学要旨」「立教綱領」の二編からなる文章で明示した。まず、要旨は「日清の学生に内外の実学を教育して英才を育て、清国に富強をもたらし、日清間で協力し、清国および東アジアの安定を図る」という文で始まる。綱領では清国の学生には日本語文と西欧の実用諸学を、また日本の学生には清語文と英語文および内外の諸制度、法律、商工業などを教え、国家の有用な人材を育てるという基本方針を挙げた。いずれも漢文で、前者は千六百字余り、後者は千二百字ほどの長文である。

漢文表記にしたのは、清国の指導者や一般人にその設立趣旨を広く理解してもらうためであった。実際、これを読んだ劉坤一《りゅうこんいつ》と張之洞《ちょうしどう》の両総督はあらためて賛同と協力の意思を明確にした。

ただし、清国の学生は東京同文書院へ収容され、のちに上海の東亜同文書院に中華学生部が新設されるまで日本学生が主体となった。

開学当初は一年生のみで専任教員は根津院長ほか八人、事務四人にすぎなかった。教授には

東亜同文書院の開院式

前回触れた根岸佶《ただし》、菊池謙二郎（教頭）、森茂らがおり、かつて荒尾精に熊本鎮台で中国語と中国事情を教えた御幡《おばた》雅文や中国人教師が支那語（中国語）を、またイギリス人教師が英語を教えた。事務員にはのちに孫文を支えた山田純三郎もいた。

ところで純三郎の兄良政は南京同文書院で中国語教員兼事務員をしていたが、義和団の乱に乗じた孫文の革命運動に身を投じ、書院が上海へ移転する前年に広東省恵州で戦死したことは前に触れた。

当時の東亜同文書院は三学年制で、三学年が揃《そろ》うと三百人近い学生数となり、カリキュラムも充実するようになった。

学科は政治科と商務科の二つで、学生の大多数が商務科だった。共通科目は倫理、支那語、英語、時文、漢文、尺牘《せきとく》（手紙）、法学、民法、商法、経済学、支那制度で、商務科では商業学、商業算術、簿記学、商業実践、商品学、支那商業地理、支那商業慣習など商取引の実用科目が設けられた。一方、政治科は共通科目以外に、欧州近世経済史、国際公法と同私法、行政法、財政学、支那政治地理などが設けられた。

両学科とも語学を重視。全学年にわたり支那語が毎週十一時間、英語が同七時間課せられた。語学以外は清国の商業を主体に経済、制度、法律などを学ぶ貿易実務者養成のための基礎科目からなり、今日でいえば、日本で最初のビジネススクールであった。一九〇七年からは学生主体の大調査旅行が加えられた。

戦後、書院を軍のスパイ学校と見る風評が流れたが、カリキュラムや設立の経緯からもわかるようにそのような気配はない。

五 『支那経済全書』を刊行

東亜同文書院は上海で貿易実務者養成教育の第一歩を踏み出したが、財政力が乏しく、教育環境は十分とはいえなかった。東亜同文会からの配分額は、東京はじめ朝鮮や中国各地での学校運営や支援、そ

※　杉浦重剛
一八五五～一九二四。近江出身の国粋主義的教育者。イギリスに留学して農業と化学を学ぶ。『日本』紙や『日本人』誌を支える。書院院長は短期間であったためで上海へ出かけていない。

れに新聞発行に回され、書院へは四分の一の配分にすぎなかった。根津一院長は金策に苦労を重ねる一方、東亜同文会会長もこなし、しかも折から緊張する日露関係の中で超多忙な日々を送らざるをえず、一時、院長を杉浦重剛《じゅうごう》に交代してもらったほどであった。

そんな中で奮闘したのが、根岸佶《ただし》であった。開院時から教授として赴任し、経済と商業の両科目を担当した根岸は、まず清国における商取引と商慣習の実態を知るため、地元上海で調査研究をした。そのうえで書院生にも現地の商業を見聞させ、調査能力を身につけさせた。

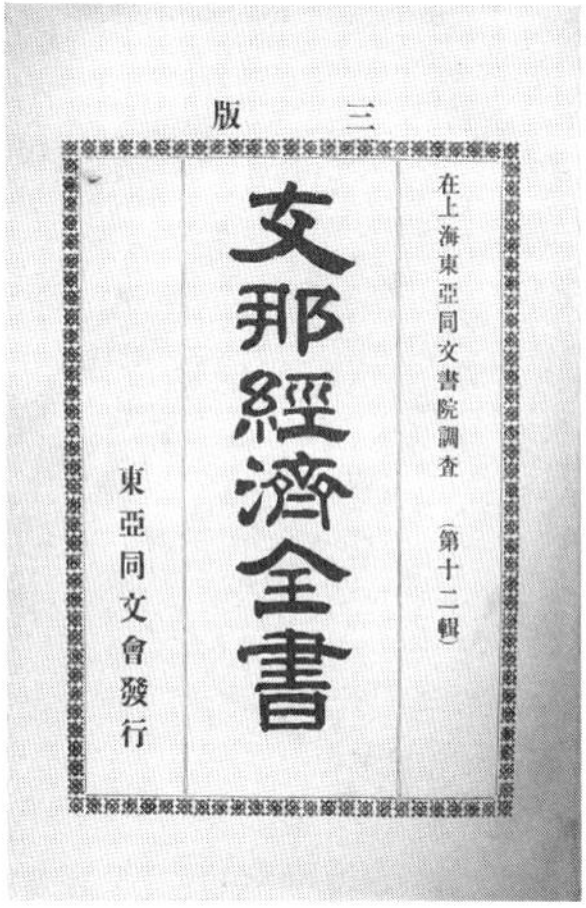

『支那経済全書』第12輯（集）の表紙

そのために支那語（中国語）は山田純三郎や御幡《おばた》雅文、佐原篤介《とくすけ》らが兼職ながら実践的に指導した。

また、書院生に清国を観察させるため、新入生には江南を一巡させ、上級生には天津や北京、漢口などの都市を修学旅行形式で巡ることにした。「もっと広く見たい」という書院生の声もあったが、財政上応じられなかった。

根岸の知恵はこの修学旅行で発揮された。根岸の回顧録によれば、修学旅行に参加した学年をいくつかの班に分け、それぞれに研究テーマを与え、卒論として調査研究をさせる方式をとったという。のちの大調査旅行の原形がこうしてつくり出されていった。その結果、二班から提出された報告書は完成度が高く『清国商業慣習及金融事情』として出版すると、同書は清国の伝統的な商取引と金融の仕組みを初めて明らかにしたためきわめて好評であった。

勢いを得た根岸は、不足分は後輩の修学旅行時の調査で補いつつ、数年間で提出された報告書生原稿を体系的に編集し、一九〇七（明治四十）年から全十二巻、総ページ数一万余の報告書シリーズを『支那経済全書』として丸善から出版した。

内容は農業、土地権利制度をはじめ、労働者、資本、物価、人民生活、財政、商業、特許商、買弁（取引業者）、会館と公所、組合規則、関税、水運、倉庫、山西票号、商政、商品陳列場、商用、簿記書式と続き、そのあと具体的な産業を詳細に区分して解明している。文字通り清朝末期の経済、商業実務のエンサイクロペディア（百科事典）であり、書院の名も広く知られた。

根岸はこれにより「卒業生は買弁に頼らないで支那人と直接取引できるようになった」と彼らの実力を評価している。

戦後の東西冷戦下、日本ではこれら書院の成果は無視されたが、戦後それに注目した中華民国（台湾）はこれを復刻。その中で中央研究院の林明徳氏は、満鉄調査報告がまちまちであるのに比べ、このシリーズと『支那省別全誌』全十八巻は系統的であり、斯界《しかい》の白眉だと高く評価している。

※　**林明徳**

台湾中央研究院にて「近代中日関係史」の研究を東亜同文書院と東亜同文会の研究で戦後先便をつけた。今も健在。

六　根岸佶の実践的研究

東亜同文書院生たちが中国で実施した商業・経済系の実地調査報告書を『支那経済全書』全十二巻に編集した根岸佶《ただし》は、書院創設期の目的に最も即した実践的教育者であった。そして、中国の商業社会の実態とその構造を世界で初めて解き明かした日本人研究者として、もっと評価されてよいだろう。

根岸は一八七四（明治七）年、紀州藩士の長男として、現在の和歌山市に生まれた。中学時代に、当時日清貿易研究所に携わっていた荒尾精の講演を聴き、中国に関心をもつきっかけになったといい、書院との深い縁があったといえる。九五年に東京高等商業学校へ入学、貿易科を専攻し、卒論で清国の水運に関する研究をしている。一九〇一年、書院開設の直前に派遣生として清国に渡り、書院開設時から若くして教授に就任。簿記や会計を講義するため、上海の米卸商などから聞き取り調査するなど実践的な商取引調査とその授業に徹した。

根岸の教育法は、当時の清国の商業実態を把握することに重点を置き、前述した『支那経済全書』とは別に『清国商業綜覧《そうらん》』を編集。商業一般と商業簿記、鉄道や河川水路を中心とした商業地理、貨幣と銀行、物産商品誌などを全五巻にまとめ、刊行している。こうして書院で七年を過ごしたが、体調を崩して〇八年に帰国。東亜同文会の調査部主任となり、機関誌『支那』を創刊。一四年には同会幹事、二一年のワシントン会議への随行後は理事に就任。その一方、一一年には朝日新聞の客員、一六年には母校の東京高等商業学校教授となり、「東洋経済事情」講座を担当しながら実践的に中国政策に多くかかわっていった。

『支那経済全書』を編集した根岸佶

しかし、満州事変や抗日運動が

激しくなり、日本の軍部が台頭するようになると対外的活動をやめ、研究に専念した。そして、三二年の『支那ギルドの研究』をはじめ商業組織や同郷団体など民間、民族組織の各論研究の成果も次々に刊行し、戦後の五四年、『中国のギルド』で日本学士院賞が授与されるに至った。

根岸の研究は、中国の都市・農村に広がる家単位の血縁組織を基盤とし、地縁的な郷党、さらには機能的な商人組織ギルドまでが統合され、それが中国社会の基本構造となっており、中国人もそこに思考と活動の価値観を有しているという社会的中国人論を浮かび上がらせた点に特徴があり、それが高く評価された。

これら一連の研究成果は、あくまで現地調査をふまえて構築したものので、中国の実像に迫る説得力と先駆性を併せもっており、その後の中国の経済社会に関する研究者にも刺激を与えた。そしてこの成果は、現代中国への視点でも欠かせない。このように根岸は、書院にかかわることにより、すぐれた中国研究者に育った第一人者といえる。

七　戦火で校舎を移転

上海の高昌廟桂墅里《クイシュリ》校舎でスタートした東亜同文書院は、その後学生数も増えて財政的に厳しい状況を脱し、落ち着きをみせるようになった。根津一院長も東亜同文会の幹事長を務めながら、倫理の授業を受け持った。とりわけ最終学年に卒業後の社会での身の律し方や人とのつきあい方などを説く院長講話は書院の名物になった。

本書の初めに調査旅行中の学生二班が辛亥革命の戦場に巻き込まれた記録を紹介したように、一九一一（明治四十四）年、革命軍の武昌蜂起を機に「滅清興漢」の波は全国へと拡大。翌一二年、袁世凱が宣統帝を退位させ、清朝は三百年近い歴史に幕が閉じられた。新たに中華民国が誕生し、南京で臨時大総統に就任した孫文は、北部との統一

※　陳其美
一八七八～一九一六。学問と商業を学び、一九〇六年に日本へ留学し、蒋介石と会い、中国同盟会に入り革命家となる。辛亥革命では上海で蜂起する。上海独立論で失敗して日本へ亡命。のち上海のアジトで暗殺された。

を図るため、袁世凱に大総統の座を譲った。しかし袁の強権的独裁が強まると、孫文ら南部勢力は討袁の兵を挙げ、国内は再び内戦（第二革命）に陥った。

　上海では書院に南接する江南機器製造総局をめぐって最大の争奪戦が行われ、辛亥革命時に同局を占領した陳其美《ちんきび》の南軍が一三年七月、再び同局を攻めるが、袁の北軍は黄浦江の軍艦から砲撃して南軍を打ち破った。その時、砲弾が桂墅里の校舎を直撃し、充実しつつあった同校舎は破壊され、炎上した。すでに教職員や学生は租界へ逃げて無事だったが、すべてのよりどころを失い大打撃を受けた。

　その当時、伊豆で病気療養中の根津院長は大きな衝撃を受けながらも「このまま撤退しては両国のためにならない」と

赫司克而（ハスケル）路の仮校舎

書院再興を決意した。折から新入生を迎える時期でもあり、一、二年生については東亜同文会の鍋島直大《なおひろ》会長の親族の墓がある長崎と大村の二寺院を仮校舎にして授業を行うことにした。しかも三年生は大調査旅行中で、彼らが帰校する秋までに上海市内で別の校舎を確保しなければならなかった。

根津の自叙伝によれば、新校舎建設までは好きな酒を断って、三年間の断酒で健康も回復したという。こうして同年十月には上海南端の桂墅里校舎から上海北部の共同租界に外接する街はずれの赫司克而《ハスケル》路の旧英米烟公司の工場や倉庫などの建物を借用することになり、大村から再び上海へ戻れることになった。

二回目の開院式に臨んだ根津院長は苦節十三年の成果が一朝にして消滅した無念さをにじませながらも「教育の場である書院は一日たりとも休むべきではなく、ようやく国内も落ち着いてきた今こそ中日の密なる関係を築いていきたい」と決意を新たにした。

しかし、この赫司克而路の仮校舎は三学年の全学生を収容するには狭く、また一四年には農工科が新設されることになり、新たな校舎建設が急務となった。

八　虹橋路に新キャンパス

一九一五（大正四）年九月、東亜同文書院にとって三度目の新校舎建設が始まった。場所は上海・黄浦江のバンドから西へ広がるフランス租界の西端に接する徐家匯《じょかわい》虹橋路《こうきょうろ》が選ばれた。

最初の校舎は上海市街の南郊で、江南機器製造総局に北接していたばかりに第二革命の戦火で焼失し、共同租界に北接する工場跡を借用した二度目の校舎は狭く不十分であった。それに対して、今度の新校舎はフランス租界に外接した郊外で、租界側には天主堂が木立の中にそびえるのが見え、書院へも時を知らせた。のちには上海自然科学研

※　上海自然科学研究所
五・四運動後の中国の排外、反日運動の緩和を図るため、義和団事件の賠償金を基に日中共同運営で設けられた研究所の一つで、一九三一年にオープンし、医学と理学の二部門が置かれた。済南事件で中国側が抜け、単独事業になる。

究所も近くへ進出している。また北東には盛宣懐が創設した南洋公学（現・上海交通大学）があり、フランス風の校舎が姿を現しつつあった。その西側は一面農地と水路が広がり、新校舎はその一角に建設された。

徐家匯虹橋路新校舎と施工者の桑野藤三郎（円内）

新校舎は今までのように主に既存の建物を利用するのではなく、新たに建物や施設群が配置された。その中心に事務室、研究室、図書室、講堂を含む本館が配置され、他に教室棟、農工科研究実験室棟、学生寮棟、食堂、学生クラブ棟、浴場棟、医務棟、教職員住宅、個人住宅、クラブ棟などを配置。水路を挟み南接してグラウンドが設けられ、陸上や各種球技などのスポーツクラブ活動も活発に行われた。のちに中華学生部が設けられると、その棟も新設された。徐家匯の一帯は水路が交

徐家匯付近。右前方が天守堂。今は高層ビルに囲まれている。

わり、やがて米などの集散地になったが、今日では天主堂のみが昔日の面影を残し、高層ビルが立ち並ぶ上海の中心街の一つになっている。ところで建設された本館はじめ、各棟の建物はいずれも壮麗な佇《たたず》まいを見せている。

『東亜同文書院大学史』によれば、基礎工事が終わる頃、責任者が前渡し金を持ち逃げする事件が起こり、困惑した根津一院長が、かつて自宅の書生であった桑野藤三郎を勤め先のコンクリート会社から呼び寄せ、あとの工事を託した。二十四歳の桑野は報恩の意気で「日夜献身し、…ついに徐家匯に壮大な大校舎を完成させた」と記されている。

桑野は若い志で隣接するフランス租界の建物群や、姿を現しつつあった南洋公学の校舎に負けない建築をめざしたのだろう。その後上海の絵はがきの写真に書院の校舎が載るようになったのは、その建築美が評価されたことを物語っている。これを機に桑野は上海総領事館、喜興や杭州駅、上海陸戦隊庁舎など多くの建築を手がけ、大陸で飛躍した。戦後、帰国して旭営造株式会社（のち協和営造株式会社）を設立した。「営造」の社名に中国風が感じられる。

しかし、根津は新校舎建設で財政的に苦労した。桂墅里《クイシュリ》校舎焼失の賠償金では足らず、金策のため、満州、北京、天津、済南、青島、漢口などを巡り、卒業生に寄付を求めた。新校舎は卒業生の母校愛と根津院長への信頼の結晶でもあった。このあと書院は円熟期を迎える。

九　文理融合の農工科誕生

一九一七（大正六）年、上海の徐家匯《じょかわい》に新校舎が完成し新たな教育の拠点を構えた東亜同文書院は、授業に研究、クラブ活動とキャンパスは活気に満ちあふれた。翌年には「支那研究部」が新設され、書院は中国研究の中心として歩み始めた。さらに中華学生部も設けられ、

※　**虹口地区**
上海市北部一帯で、一八六三年に共同租界が形成されたあと、七三年に日本領事館が立地すると日本人が集中するようになり、日本企業も進出した。住宅、商店、学校など日本人街が二十世紀に入ると形成され、一九四〇年代には日本人が十万人を数えるに至った。

二〇年から中国人学生が入学してくると、書院本来の姿である日中両国の学舎がここに実現した。

一方、学生たちは日曜になると、路面電車に乗ってフランス租界を東西につなぐ静安路や南京路の街歩きを楽しんだり、日本人が増えつつある虹口地区で日本食を味わったりした。また、この頃になると上海で就業する卒業生も増え、そんな先輩を訪ねてごちそうになったり懇談したりと、書院生たちは国際都市上海の生活を謳歌《おうか》するようになった。

新築された農工科研究実験棟

ところで、この新校舎が完成する直前、赫司克而《ハスケル》路の校舎に新設された農工科は、それまで社会科学系を中心にした書院の研究教育の幅を広げる画期的な展開となった。新校舎には早速農工科専用棟が建てられ、一学年の定員二十人で募集され、初めは日本人学生だけでスタートした。内容は応用科学をベースに農芸化学と採鉱冶金《やきん》の二部構成であったが、中国語や中国事情、商業実習もカリキュラムに組まれ、技術をもった商務科生とでもいうべき、今流にいえば文理融合型に実践力を兼備したユニークな学科が誕生した。

この時期は第一次世界大戦の戦費拡大で西欧列強の影響が弱まり、中国の民族資本や企業がその隙に乗じて発展する傾向にあった。日本も中国の産業資源を科学的に活用し、起業化が可能な人材を中国人も含めて育てようとする意識の表れが、この農工科であったように思われる。

しかし、農工科第四期生が卒業する二〇年ごろから西欧が生産力を回復するのに反して世界経済は不況に陥り、日本も例外ではなかった。農工科の新設は時期が悪かった。そんな中でも卒業生の就職は多方面にわたった。愛知大学東亜同文書院大学記念センターの武井義和氏の研究によれば、卒業後の進路は資源開発、対中借款機関、山東半島、商社の四系統であった。やがて不況の波は東亜同文会にも及び、ついにこの年から農工科の募集は中止された。一時は農工科を工業科へ改称、「上海工業研究所」を書院に設けて存続を図ろうとしたが、うまくいかず、募集中止に至ったことも武井氏の研究でわかった。そのさい学生がストライキで反対する一幕もあった。

一方、書院の会誌『滬友《こゆう》』を読むと、商務科生が「金を食う農工科を自分たちにも開放せよ」と提案し、一方の農工科生は「農工科を偏見視するな」と反論するなど、農工科をめぐる議論の一端が垣間見える。そんな中で中華学生部は新設され、農工科は二一年に姿を消した。

十　根津の書院精神を継承

東亜同文書院の新校舎が上海の徐家匯《じょかわい》に完成した一九一七（大正

六）年は、ロシアでソビエト社会主義政権が誕生して、のちの中国にもコミンテルンを通じて大きな影響を与えることになり、その翌年の第一次世界大戦終結は、アメリカや日本の経済に大不況の激震をもたらす契機となった。

　中国では「五・四運動」が北京から全国へ広がりをみせ、高まる排日運動の中で十七期生は「大調査旅行」を延期せざるを得なくなるほどの影響を受けた。新たに日本の領土となった朝鮮では日本の強権支配に反発する三・一万歳事件が起こり、一方、日本でも一八年の米騒動で全国的に貧富の格差が顕在化した。

晩年の根津一院長

　時代が大きく変わろうとする中、書院は新たな船出をしたが、根津一院長にも大きな転機が訪れようとしていた。

※　**コミンテルン**

ソビエト連邦が成立したあとの一九一九年、ソ連が主導した国産共産主義連合で、共産主義の他国への流布を目的とし、その影響力を強めようとした組織。

※　**三・一万歳事件**

一九一九年、日本統治下の朝鮮で起った宗教人の独立宣言から始った運動。それにより武断的な統治方法が緩和された。

※　**米騒動**

一九一八年、米価急騰の中、富山県魚津の主婦達が行った米の輸送船に対する米の安売り嘆願が全国に拡大し、政府の対応のまずさもあり、庶民の不満が暴動に至ったケースもみられた。

新校舎建設時は第一次世界大戦の好況と重なったため、建設費の不足分は中国在住の卒業生の寄付で救われたが、院長は常に金策で苦しんだ。若き日に修行で鍛えた精神力がなければ、いずれの難局も乗り越えられなかったであろう。

根津は上海から帰国するたびに新たな寄付を求めた。それが三十万円に達し、書院の基盤も固まったことから引退を考え、自らの夢であった精神教育事業として「誠明学社」の創立をめざし、学校教育の改革に乗りだした。しかし、大戦後の物価高騰は激しく、この寄付金のおかげで書院を何とか維持できたものの、根津はその後体調を崩し、「誠明学社」の夢は断念せざるをえなかった。これは最大の恨事であったと自叙伝で述べている。

そんな中、二〇年十月には書院創立二十周年記念式典と根津院長の還暦祝賀会が同時に新校舎で行われた。農工科の募集停止はあったものの、念願の中華学生部に学生が入学し、支那研究部も『支那研究』

これにより政府も社会政策への対応が迫られた。

※『支那』

東亜同文会機関誌。一九一二〜四五。当初は月二回、その後月刊誌。中国に関する総合的情報雑誌。

一号を刊行、そして書院の修業年限が四年となり、高等専門学校化するなど、根津院長にとって慶事も重なった。

まず還暦祝賀会が盛大に行われ、来賓から根津院長の苦労と不屈の精神を讃《たた》える祝詞が贈られた。なかでも東亜同文会の牧野伸顕《のぶあき》副会長は「根津院長が誠心誠意、国家のため、書院のため尽力せられている その高潔なる人格に敬服した」と述べ、東亜同文会の次期会長として尽力する決意を示した。これに対して根津は「(これまで二十年間)苦心惨憺《さんたん》、幾多の難境に遭遇してきたが、大過なく今日に至ったのは、卒業生、教職員、学生諸君の親愛なる心によるもの」と熱く感謝の意を表した。

そして東亜同文会は法人化され、副会長に近衛篤麿の息子、近衛文《ふみ》麿《まろ》が就任した二三年、根津は院長を辞任し、その精神は次世代の書院へと引き継がれることになった。

第六章

大調査旅行

一　日英同盟が契機に

ビジネススクールとして誕生した東亜同文書院の教育には重点が二つあった。

一つは、買弁（商取引を仲立ちする中国人商人）を通さず、生産者とも直接取引ができるよう清語（中国語）を習得させるため、カリキュラムに語学の授業を多く設けたことである。

もう一つは、当初は清国、のち中華民国の全域の実態を把握するために各地を徒歩で旅行することであった。すでに荒尾精《あらおせい》が収集した資料を根津一《ねづはじめ》がまとめた『清国通商綜覧《そうらん》』によって大まかな清国事情は理解されたとはいえ、各地域の事情や商取引慣行、個別産業などの実態はほとんどわかっておらず、貿易実務をすすめるうえでも情報の把握は必要であった。

とはいえ、経営母体の東亜同文会の財政は十分ではなく、そのため

旅順港のロシア軍を砲撃する日本軍＝1904年

書院も学生たちの要望に対応できず、修学旅行による大都市めぐりで学生たちに清国の実態を少しでも知ってもらおうとした。そのさい、若き根岸佶《ただし》教授が学生たちを班編成して商業を中心とした基礎調査をテーマ別に行い、そのリポートを『支那経済全書』全十二巻として丸善から刊行し、好評を博したことはすでに触れた。このように書院の開学当初から清国の商業把握に手をこまねいていたわけではない。しかし、これに飽きたらない学生たちからは主要都市だけでなく、農村、さらには未踏の奥地も知りたいという要望が高まりつつあった。

　学生たちが夏休みに入ると、気の合った仲間同士で実家からの仕送りを充て、自発的に長江沿いに遡《さかのぼ》ってみたり、農村へ足を延ばしたりするケースがみられるようになった。これは、もっと清国を知りたいという学生たちの欲求の表れであった。

そのような折、二期生の五人が卒業した直後（一九〇五年）、根津院長に呼ばれた。五人はそこで院長から驚くべき依頼を受けた。「西域事情とそこへのロシア側勢力の浸透状況について調べてきてほしい」という内容であった。

一九〇二年、日本は日英同盟を締結した。大国イギリスが、日本とのそれまでの不平等条約を見直し、国際社会の一員として認めたため、日本は有頂天になった。この背景には、日清戦争や義和団の乱後、満州（中国東北部）への進出と占拠という動きに出たロシアの南下政策に、日英とも危機感を強め、阻止したいという共通の利害があったためである。満州の次は朝鮮に及ぶと見通した近衛篤麿《あつまろ》が「対露戦やむなし」の考えに至っていたことは前にも触れた。

こうして日英同盟の保障を得て、日露戦争が始まることになるが、

※　日英同盟

一九〇二年一月三十日に調印発効し、〇五年、一一年と更新され、二三年に失効。義和団の乱で満州から撤兵しないロシアをイギリスが牽制するために締結。これにより、日露戦争では露仏同盟の機能を抑え、戦争中立の立場をとった英が日本に多くの情報を与えた。

そのイギリス側から日本の外務省に西域へのロシアの浸透状況調査の依頼があった。しかし、外務省には西域での情報網はなく、すがりつく思いで根津院長と東亜同文書院の存在が浮かんだのである。

二 西域を踏査、詳細に記録

根津《ねづ》一《はじめ》院長に呼ばれた五人は、都合で一人が交代したが尊敬する根津院長から選ばれたとあって西域調査の大旅行を承諾した。

当時の西域は日本人にとっては未知の世界。漢民族にとっても時に自分たちを襲ってくる遊牧の異民族だ。そこは玉などの宝石類、毛皮やブドウなどが豊富な憧れの地でありながら、簡単に足を踏み入れることはできない所であった。日本の正倉院の文物には遣唐使などが長安で手に入れたであろう西域の唐草模様の布や、仮面、ガラス製品などがみられ、日本人にとっても憧れの世界であったに違いない。ここ

西域に向かう書院２期生の４人
（後列左から、林出、波多野、三浦、右端が草。桜井は欠席）

がシルクロードと称され、日本人が観光で訪れるようになったのは最近の二十年ほどにすぎない。

五人は林出賢次郎、波多野養作、草政吉、三浦稔、桜井好孝で、林出と波多野は伊犁《イリ》から廸化《ケイカ》（現ウルムチ）方面、桜井は科布多《コブト》方面など、いずれも新疆《しんきょう》地区を担当。草と三浦は庫倫《クーロン》（現ウランバートル）から烏里雅蘇台《ウリヤスタイ》方面の外モンゴル地区を受け持った。一行は日露戦争下の一九〇五年七月に相前後して北京を出発。新疆方面は年末に廸化着。翌年三月から各地で調査をすすめ、帰還まで丸二年にわたる大冒険旅行であった。

一行の中で波多野の全行程は詳細な日誌からわかる。彼は北京出発後、すぐマラリアにかかり、時々発熱して日誌が所々、一週間ほどずつ欠落している。旅は馬車と徒歩だが、馬車では悪路のため痔《じ》になり、徒歩がほとんどであった。コースは蘭州から河西回廊に入り、天山山脈をめざし西進したのち、まずは、廸化を拠点に伊犂や塔城へ出かけている。しかし、旅の途中で早くもロシア側に察知され、追尾と妨害を受けては市街地や村の中に身を

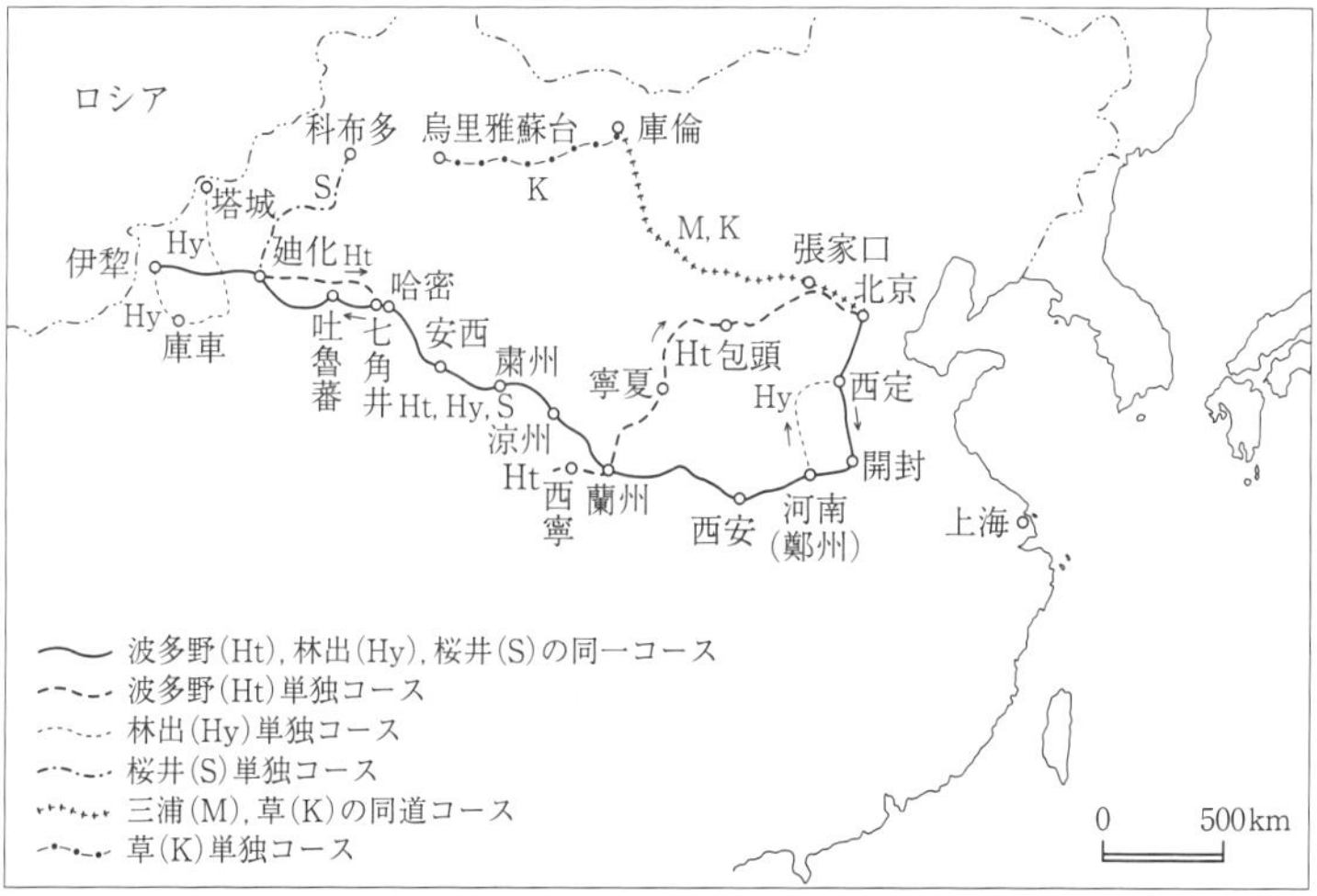

東亜同文書院第2期卒業生5人による外務省委託の西域、蒙古への踏査旅行コース(1905 ~ 1907 年)(波多野の日記、林出の回想文、東亜同文書院大学史より作成)

隠したりしている。また、砂漠気候で日昼は熱暑を避け、夜間に星や月を見ながらの旅であった。

それでも途中の村々では地元民だけでなく、外国人の国別人口や言語、会社、商店、土地条件、生産物、道路状況なども克明に調査している。

帰国後、外務省へ提出した報告書には、それらのほかに人種・民族、物産、民族ごとの商人と取引状況、交通網などが記録され、他の四人の報告書とともに、日本人による初の本格的な西域調査報告書となった。帰路、凍結した川を徒歩で渡れる利点もあったが、高熱を発し、死を覚悟した時もあった。その時、往路でも世話になった宣教師のハンターに偶然出会い、命を救われるという奇跡的な出来事もあった。

一方、ほぼ同コースとなった林出賢次郎も、帰途、西域へ向かう日野強《つとむ》少佐と偶然出会い、少佐に西域情報を与えている。少佐は書院生の調査レベルの高さに刺激され、のちに報告書を大著『伊犂紀行』と

※ 日野 強

一八六六～一九二〇。伊予（愛媛）生まれ。陸軍軍人として一九〇六年、中国の新疆からインドへ一年半か

けて踏査。往路で帰路についた書院生林出賢次郎と出会い、新疆情報を吸収。帰国後『伊犂紀行』を出版。

してまとめる契機となった。帰国後、林出賢次郎は清国政府の要請を受け、今度は学校の教師として再度新疆へ旅立っている。

苦難を経たが、五人の大旅行は大成功であった。

三　外務省から報奨金授与

苦難に満ちた五人の大冒険旅行の大成功を祝って東亜同文書院の在校生たちは歓喜の声をあげた。そして自分たちもそのような冒険旅行をしたいと学校側に熱望した。しかし、財政難の書院当局はその要望に応じることはできなかった。

そんな折、調査の成果を評価した外務省から書院へいわば報奨金三万円が授与された。思わぬ大金を得た書院当局は、学生の要望を早速実現すべく、毎年一万円を使って学生による自主的な大調査旅行を三年間にわたって実施することになった。そのベースには根岸佶《ただし》教授が指導した商業実態調査が生きていた。

こうして一九〇七（明治四十）年、最終学年を迎えた五期生を対象に第一回の調査旅行が始まった。六月下旬に急いで準備をし、七月上、中旬には出発、十月までに帰院するという大枠の中で、二～五、六人単位の班が編成された。調査テーマと目的地、そしてコースが学生たちの企画で設定され、ほぼコース名による旅行班名がつけられた。

この五期生の場合、京漢鉄道線路、淮《わい》衛河《えいが》、浙贛湖広《せっかんここう》線路、閩浙粤海《びんせつえつかい》線路、粤《えつ》漢《かん》鉄道線路、河南陝西《かなんせんせい》湖北《こほく》線路、山東《さんとう》省線路と名付けられた七つの「旅行班」と、上海、漢口、広東および香港、営口、芝罘《チーフー》、天津、北京の八都市での「駐在班」で実施された。最初

車で出発する書院生を送る在校生ら

は準備期間が短かったためか、その後の調査旅行に比べると旅行班の数は少ない半面、都市で定点観察調査を行う駐在班の数が多い。急な実施で健脚組と非健脚組に分かれたものと思われる。

ちなみに翌年の六期生による第二回旅行班をみると、口外《こうがい》喇嘛《ラマ》廟《びょう》熱《ねっ》河《か》線、晋蒙《しんもう》線、晋豫《しんよ》線、津浦《しんぽ》線、河南湖広線、鄂蜀《がくしょく》線、楚粤《そえつ》線、贛閩《かんびん》粤《えつ》線、遼東《りょうとう》海岸線、長江《ちょうこう》線、玩江《がんこう》線の十一班が編成され、駐在班は北京の一班だけになっている。各省のコースの略称や別称が班名に付けられ、また日本人にとって未踏の世界への憧れとロマンにあふれて旅行コースを設定したことがうかがわれる。

これら調査旅行の研究テーマは卒業論文になり、観察見聞記は第一回と第二回が東亜同文書院学友会報に掲載され、『踏破録』『禹域鴻爪』のタイトルが付された。第三回以降は会報ではなく、単行本として書院が刊行し、それまで百ページほどだった体裁が一気に四百ページを超える大著となり、各旅行班の記録が書院生の編集により充実した。

※　各旅行班記録
書院生の各学年は、各班の旅行日誌部分をダイジェストにしてまとめ刊行した。事変などで刊行できなかった年もあるが、全体として三十三巻が刊行され、調査とコースが活写されている。

班員の集合写真、各班のコース概略図も収録されたほか、根津院長や清国名士による揮毫《きごう》も寄せられた。

　以降、各旅行班の日誌・記録のダイジェスト版は毎年充実したレベルで刊行され続けた。これは学生たちの調査報告書の多くが予想をはるかに超えたすぐれた内容と水準に達していたためで、書院当局も高く評価し、第四回以降の継続を決めたものといえる。こうして半世紀近くに及ぶ中国から東南アジアの「大旅行」が幕をあけたのである。

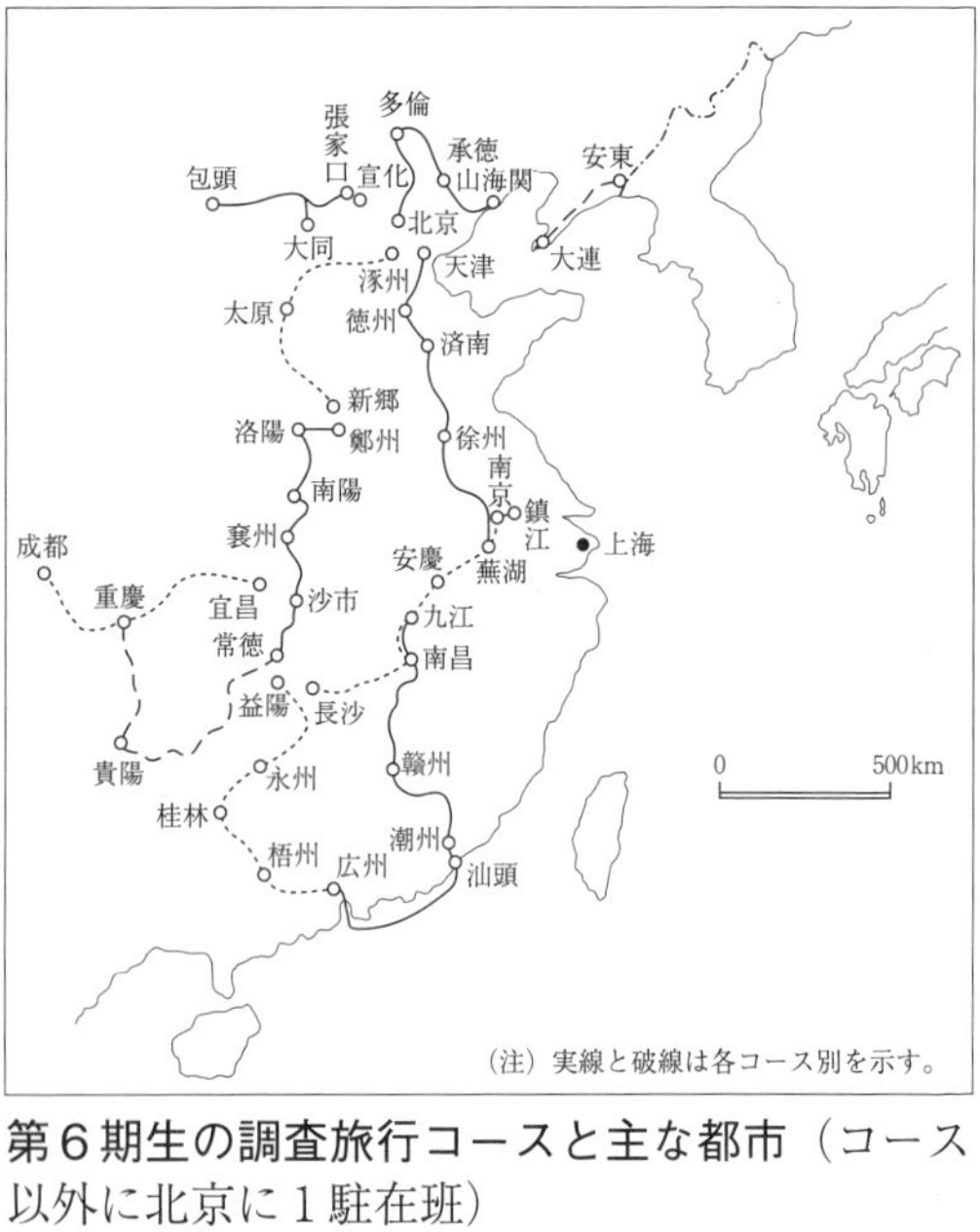

第６期生の調査旅行コースと主な都市（コース以外に北京に１駐在班）

四　肌で知る中国事情

東亜同文書院生の「大旅行」は、カリキュラムに組み込まれ、最終学年の最大行事として定着していった。

しかし、当時の中国は日本同様、農業国であり、書院生の旅行コースはほとんど農村を歩き回らねば目的地へ着かなかった。彼らの記録によれば、「陸行」と称する徒歩がほとんどであり、長江や黄河沿いのコースでは時に船を利用することはできたが、十分な旅費はなく、一般の中国人と同じデッキパッセンジャー（甲板客）で、雨が降れば濡《ぬ》れざるを得なかった。

常に中国人と同じ環境で旅をしていると、例えば長江を下る船の甲板上の積み荷が途中で客が下船するたびに抜き取るため少しずつ減り、当初の荷の量が最終的に半分以下にまでなってしまうということなど、客室に居てはわからない中国人の行動や考え方にふれ、また、下船時に官吏の徴税と賄賂の仕組みなども観察することができた。

道中の宿泊は、今日のようにホテルや旅館があるわけではなく、農村ではしばしば馬小屋に泊まった。土間の敷板にアンペラのむしろを敷いて、夜中に出没する南京虫の攻撃を少しでも避けることができれば上々であった。農家の小屋泊まりや危険な野宿もあった。地方の県庁の町で、安い宿を見つけて値下げ交渉をすることも中国人社会を肌で感じる機会になった。

地元民に囲まれて自炊をする16期生

食事は当番が朝から農家を回り、食材を集めて料理したり、道沿いの店で饅頭《まんじゅう》や稀飯《かゆ》、卵などを求め、自炊中心であった。そこにも農民との交流が生まれ、農村出身者の多い書院生にはあまり抵抗はなかった。そんな農民、農村に愛着を感じ、中国が好きになった書院生も多

※　**南京虫**
トコジラミで吸血だけで生存。暗い所や夜活動し、隙間を好む。当時の中国には多く、書院生は宿で皆被害に悩まされた。

かった。

　辛亥革命の混乱期にあっても、県を通過するたびに県知事に挨拶《あいさつ》する必要があり、会見した多くの知事は日本留学の経験があった。匪賊《ひぞく》の多発地帯では護衛兵を付けてくれたり、荷物を運ぶ農民や馬まで手配してくれるケースもあった。しかし、夜ごとに警官に起こされ、パスポートや、時には荷物までチェックされる時はさすがに書院生も反発している。当時の農村地帯では外来者、とくに外国人への監視は当たり前で、現代中国も同じ延長線上にある。

　書院生の旅行が回を重ね、人々にも知られるようになると、書院生が所持している薬を求めて宿の前に行列ができた。お目当ては仁丹で、妊婦まで診察を受けに来たという記録が散見され、当時の農村の医療事情がうかがわれる。

　また旅行コースが延びると、匪賊や馬賊に出くわすこともあった。ある班は護衛兵であるはずの保衛団が途中で匪賊に化け、親分が青竜

※　匪賊
元来は長江下流の洪水地帯の農民たちが食いはぐれて盗賊になったといい、江蘇、安徽、山東などの省に集中するが、中華民国が誕生して軍閥が割拠すると治安が悪くなり、各地に兵士くずれや農民の強盗団が広がった。

刀を構えて近づいて来た時には死を覚悟したという。ところが、親分の片目がつぶれているのを見て、「冥途のみやげだ」と言って目薬を差してやると、親分は感謝して命だけは助けてくれたが、一行は丸裸で放りだされた。

危険な目に遭いながらも事故死した書院生はおらず、肌で中国を知ったのである。

五　世界に類をみない研究

東亜同文書院生の「大旅行」は太平洋戦争で日本の敗色が濃くなった一九四三（昭和十八）年まで継続され、学生の総参加数は約四千五百人、総コース数は約七百に上った。調査地域は中国本土が中心だが、満州（中国東北部）一帯からウラジオストク、そして植民地下の東南アジアに及ぶ広大な地域をカバーした。これだけの規模と二十世紀の前半期という長期にわたる調査旅行は世界的にみても類をみないし、世界最大規模の調査であったといえる。学生の手になるとはいえすでにその質の高さは『支那経済全書』全十二巻がその実力を示していた。しかも、イデオロギー抜きの観察と調査による記録という点は根岸佶《ただし》教授の徹底的な指導のもとで伝統が守られた。

また、調査研究対象は、当初の商業や経済・産業活動から教育、民情、文化、飢饉《ききん》、人口、交通、都市、村へと広がり、今日でいう総合的な地域研究の領域へ発展した。指導教授がその後、書院卒の経済地理学担

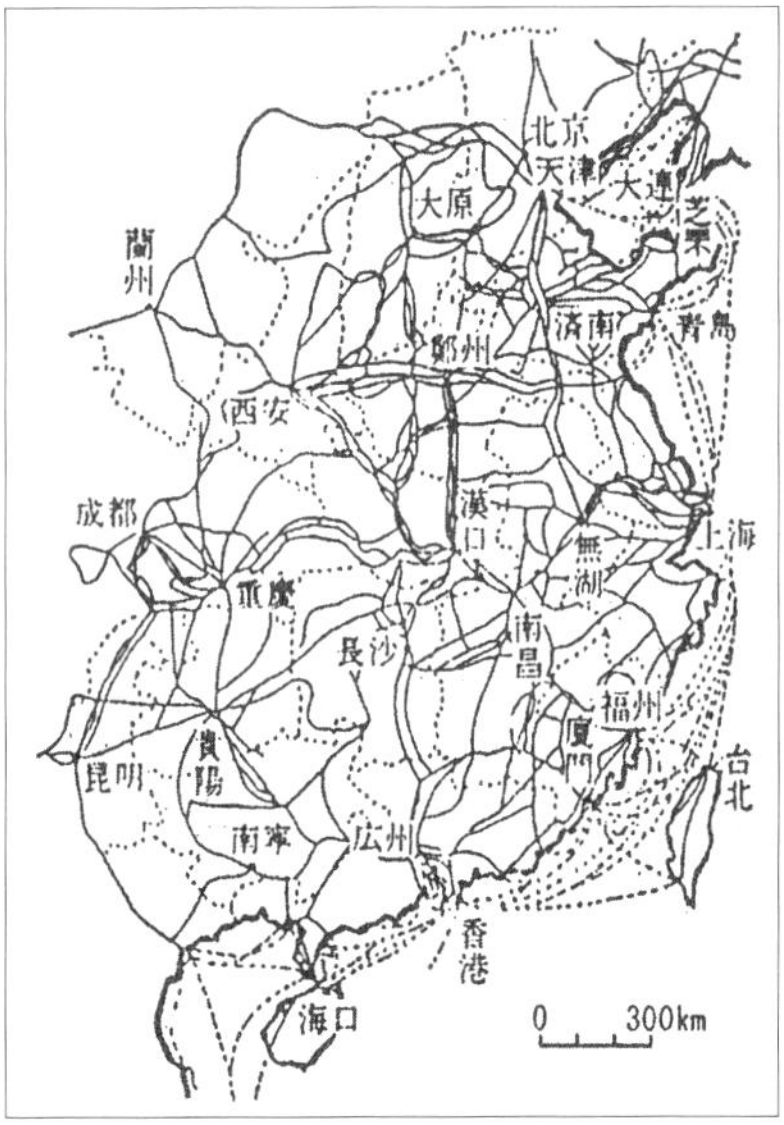

第５期から第23期までの中国本土での旅行コース

当教授の馬場鍬《くわ》太《た》郎《ろう》となり、長く地理学的指導をしたことにも関係するが、その調査研究は中国、東南アジアの総合的研究へとアカデミズム色を強め、書院をやがて大学へ昇格させる原動力になった。

「大旅行記」に孫文が寄せた揮毫

アメリカでは戦時中の戦略的日本研究が、戦後新たな地域研究、さらには文化人類学の学問領域を生み、評価されたが、その研究方法は、すでに書院がアメリカに先立って数十年も早く行っていたことは広く再評価されるべきであろう。そして戦後、書院を帝国主義の先兵として教条的に批判していた中国が、今や中国の近現代史の空白を埋める貴重な成果として、書院の「大旅行」を評価しはじめている。ただし「大旅行」の内容は、書院の発展と日中関係の変化の中でその末期の

※ **馬場鍬太郎**
一八八四〜？　書院五期生。一九一六年書院教授となり、経済地理、商品学を担当し、大調査旅行の指導をしたほか、支那研究部主任。雑誌『支那研究』の編集を行った。大学昇格時は予科長。『支那経済地理誌』など大作の成果がたくさんある。

※ **地域研究**
戦時のアメリカで、戦略上日本の人文、社会の多分野にわたる非欧米的特質を明らかにする研究がすすめられ、ベネディクトの『菊と刀』は代表作とされる。戦後このような方法で中南米、アフリカなどへの研究もすすめられ、「地域研究」領域が形成され、その中か

ら文化人類学も誕生した。

戦時下において微妙に揺らいだのも事実であった。

筆者の研究では、この「大旅行」は四つの時期に区分できる。第一期は「拡大期」とした。日本人の知らない地域へコースを設定し、調査地域の拡大に努めた時期である。班名も山東班や貴州班、四川班などのように省名が一つか二つ冠され、例えば四川省では重慶や成都、峨眉《がび》山《さん》にとどまらず、さらに西方のチベット高原のダラト、先年の四川地震で有名になった汶川《ぶんせん》、松潘《しょうばん》など氷河の末端近くまで出かけている。調査はもちろん最大の目的であり、

大調査旅行を指導した馬場鍬太郎教授（中央）＝1928年

卒論としてすぐれた成果をあげるが、中国各地への旺盛な好奇心がコース選びの軸になったように思われる。とくに柔道部員など体力のあるメンバーを結集した班は、四川、雲南、陝西《せんせい》、甘粛《かんしゅく》など中国奥地の省をめざすケースがよくみられた。

調査結果はそれぞれ卒論とは別に見聞や体験などをダイジェスト風に毎年テーマを付した冊子の形で刊行された。巻頭には日本側の東亜同文会会長や院長、陸軍軍人の福島安正などに加え、中国側では孫文、黎元洪《れいげんこう》、戴天仇《たいてんきゅう》、章炳麟《しょうへいりん》、軍閥トップの呉佩孚《ごはいふ》や曹錕《そうこん》などの要人たちが揮毫《きごう》し達筆ぶりを競っている。

六　大陸の隅々まで踏査

「大旅行」の第二期は一九二〇年代の「円熟期」で満州事変（三一年）までの十年余りである。その前段として、一七年の徐家匯《じょかわい》新校舎の完成や一八年の支那研究部設置、その後の四年制高等専門学校への移行や二十周年の実績、中華学生部の設置など、教育環境が整備され、それまでのビジネススクールに研究色が加わり、周囲の期待に応えていく時期でもある。

「大旅行」もすでに二〇年には二百コースに達し、コース選びよりテーマ性が重視されるようになった。そのため十九期生（二一年実施）からは調査報告書のほかに、各個人の日誌を班でまとめて提出するようになり、そこでも観察と経験した事項だけが記録の基準とされ、日誌の価値を高めることになった。これは後輩向けのガイドブックとしても機能を果たす目的があった。

青海省の地元民らで構成する軍

　この時期には東南アジアコースも急増し、安南（仏領インドシナ＝ベトナム）への旅行班は日誌の最後に「フランス人は現地人だけでなく

※　**青海湖**

青海省の高原にある中国内陸部の最大の美しい湖。塩

書院生にも横柄な態度が目立つので、彼らと対等に議論するため、もっとフランス語に習熟せよ」と後輩に助言している。

十九期生の「大旅行」では二十班が編成され、隴綏《ろうすい》羊豚羊毛皮調査班、漢水嘉陵江《かりょうこう》流域経済調査班、満州三品調査班、南溟《なんめい》航運調査班、満州取引所調査班、直魯晋豫《ちょくろしんよ》綿花調査班などと調査対象が明確に班名にあらわれ、やがて地域調査となり、その中でテーマも多様化していく。

前述の隴綏羊豚羊毛皮調査班は甘粛《かんしゅく》や寧夏《ねいか》での調査をめざし、上海から漢口、洛陽、西安、平涼、蘭州、西寧、そして青海湖まで徒歩で訪ね、帰路は黄河沿いに寧夏、包頭と下り、北京へ陸行、天津、青島経由で上海へと百五十二日の長旅だが、青海省まで徒歩で旅したケースは二期生の波多野養作らの西域調査を除けば他になく、大探検旅行であった。

青海湖は日月峠を越えたチベット高原の東北端にあり、蘭州に住む宣慰使（地方長官の官職）が年に二回ほど巡回し、この辺りの部族長

水湖。戦後漢民族による煌魚の乱獲でチベット族の反感を買い、保護活動がみられるようになった。

と天幕で礼を交わす程度の緩い管理下にあることを、その式典に参加した書院生が記録している。さらにその西南側にある広大なチベット高原は、新しい中華民国政府の管轄外にあったこと、また日月峠から青海湖へ下る草原は前方の馬上の班員の姿が見えなくなるほど草丈の高いことなどが記されていて興味深い。今日、現地を訪れると草丈は低く、経済発展が奥地の草原の生態も変えつつある。

また、東南アジアの記録では、多くの日本人が農業や商業、流通業の隅々まで入りこみ、地元民から尊敬されている様子が伝わってくる。日本が起こした戦争はそうした状況を無視して強行され、今日も暗い影を落としている。

七　冒険と危険の連続

七百コースに及ぶ「大旅行」はいずれも興味深いが、筆者が注目し、書院卒業生の間でも語り草になっている旅行班の体験を紹介してみよう。

それは二十五期の「雲南緬甸《ビルマ》経済調査班」の七人で、雲南からビルマ（現ミャンマー）へ抜ける、当時としては超難関コースである。しかし、当初は香港からハイフォン、ハノイ、昆明（雲南）、そして北上して四川省成都へ抜け、上海へ帰還するコースであった。

安澤隆雄氏（左）が描いた少数民族の衣装

ところが、昆明へ着くと山東省で日本軍と蔣介石の北伐軍（国民革命軍）が衝突した済南事件（一九二八年）が起き、反日感情が高まり、匪賊《ひぞく》が省境に多数出没するため省政府や日本の領事館から戻れという指導を受けた。しかし、背後に不自然さを感じた一行は、事件前にチベット行きを約束していたチベット青年に会おうとするが、役人に妨

※ **済南事件**
一九二八年、蔣介石の北伐の軍が山東省済南に及び、日本人保護と日本権益を守る日本軍との間で生じた武力衝突事件。

害され、そこで急ぎ西行してビルマへ出ようと計画を変更した。
しかし、西方の安寧《あんねい》へ着くと兵隊に捕らえられ、昆明へ連れ戻されてしまう。省政府の方針で一行は監視され、新聞もそれを書き立てているのを知り、口惜しさに全員涙で頬をぬらしたという。

昆明でその後、援助してくれる人があり、中国人に変装し、班を二分し、一班は滇池《ティエンチー》（湖）の南側を徒歩で、別班は船底に隠れて対岸へ渡り、昆明を脱出。間道や農道を抜

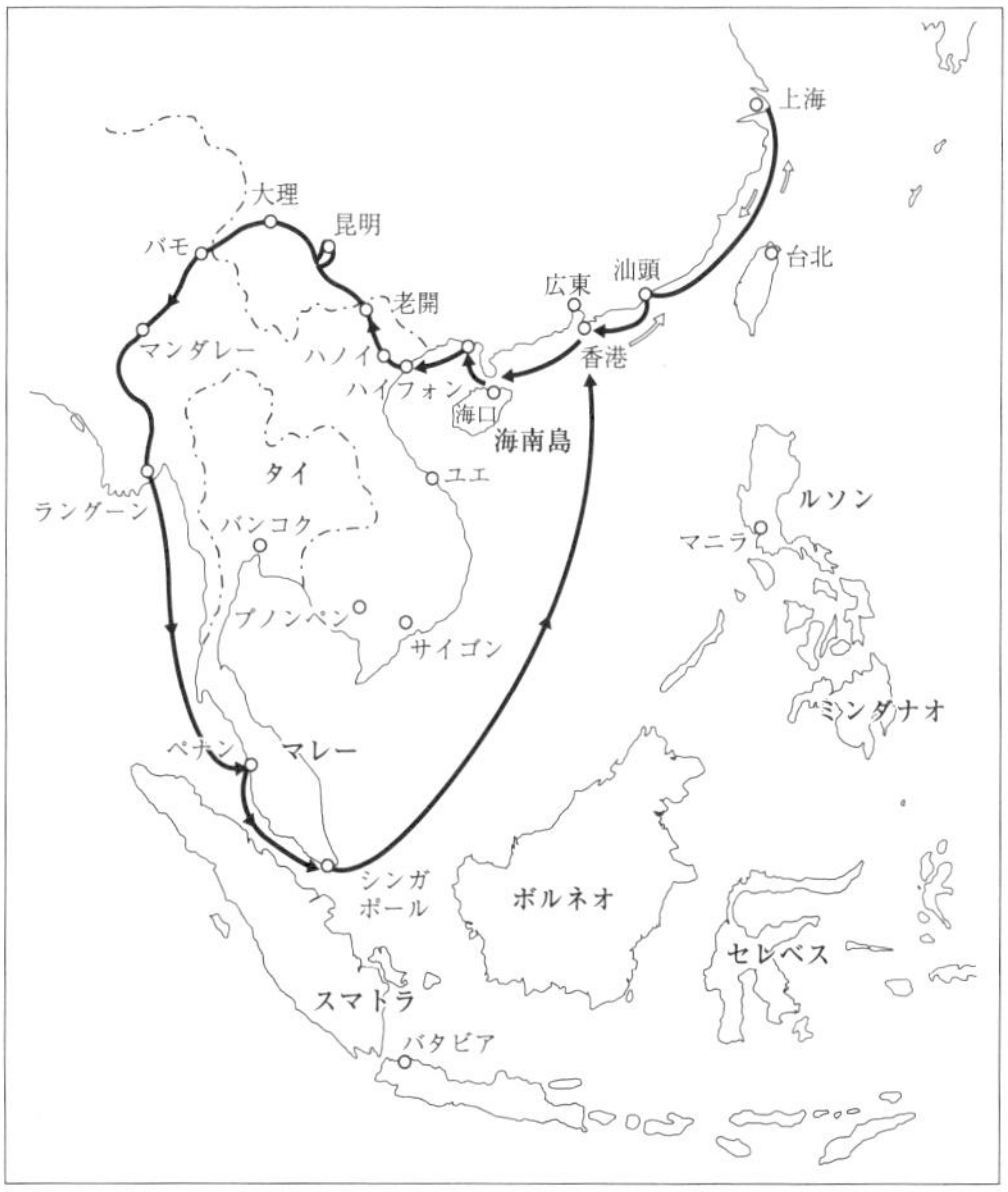

雲南ビルマコース

け、楚雄《そゆう》の町へ到着。さらに仏都の大理へたどり着くと、その先はチベット高原東南部を南北に縦断する幾筋もの大渓谷と、急峻《きゅうしゅん》な山脈を東西に横断する踏み分け道のような悪路、難路の連続に挑んでいる。激流に張り渡された鉄線や蔓《つる》につかまるようにして渓谷を渡る大変なコースに入り込んでしまった。

以前、班員の一人、安澤《あんざわ》隆雄氏から聞き取りをし、その縁で百歳になられた時に愛知大学で講演していただいたことがある。安澤氏からは、厳しい山岳コースでは馬子を雇い馬二頭を買って進んだが、急斜面で荷物が片寄り馬の背の肉がもげ、化膿《かのう》して気の毒だったこと、途中、馬子が一行の荷から衣服を盗んで売り、アヘンを吸ったので解雇したのはいいが、安澤氏が代わりに馬子役を初体験し、蹄《ひづめ》で泥水をかぶり、いつも馬のオナラをかがされたことなど、旅の苦労話を面白おかしくうかがった。

安澤氏は道中で物価調査をし、卒論にまとめた。少数民族地帯では休憩するとすぐ人だかりができ、そこで商品や材料の価格の聞き取りができたという。その資料を筆者が分析すると、一物一価に幅があり、地形に制約された生活圏の広さに順じて異なることがわかり興味深い。

安澤氏は、百歳まで社交ダンスを楽しみ、趣味の絵画は銀座で南画の個展を開くほどのプロ級である。

八　向学心を砕いた戦争

「大旅行」の第三期は、満州事変（一九三一年）の翌年から東亜同文書院が大学に昇格した三九年ごろまでをいい、「制約期」といえる。

満州事変は九月に起こったため、六月に出発した二十八期生の「大旅行」は完遂したが、この事変に中華民国政府も以降の二年間はビザを発給しなかった。

※　**満州事変**
一九三一年。満州軍閥張作霖の爆破事件（一九二八）のあと、奉天近郊の柳条湖で南満州鉄道爆破を関東軍が仕掛け、それにより満州全土を関東軍が支配下に収めた事件。

※ 満州国
満州事変後、関東軍の満州（中国東北部）占領案は独立国家案へ変わり、日本の指導下で成立した。清朝末裔の溥儀を元首に五族協和と王道楽土が掲げられ、産業やインフラはめざましく発展したが、四五年、ソ連軍の侵攻により崩壊した。

そこで二十九期生と三十期生の調査旅行地域は満州（中国東北部）だけに限定された。中国奥地を予定していた二十九期生はその変更に落胆するが、二十四班のうち二十二班は満州各地に変更した。あとの二班は台湾・香港班と厳しい状況下でも長江から長沙へ向かった班である。満州の二十二班は急いだコース設定のため各地で鉢合わせする班も多かった。

そこで翌年の三十期生は満州国の成立直後の各県を分担調査することになり、続く三十一期生も多くが県単位の調査を続け、二年間であわせて百近くの県別調査が行われた。これにより県レベルの満州調査が集中的に行われ、当時の満州の基盤がわかるようになった。ただし、誕生直後の満州各県に力の差があり、県調査に濃淡の差がみられた。のちに満州国に設立された大同学院（高等官吏養成の教育機関。書院卒業生も入学者がいる）が書院大調査旅行のまねをしたが、それは満州の町場に限定された。

※ **盧溝橋事件**
一九三七年七月七日に今日の北京の南西部の盧溝橋で起きた日本軍と中国軍との衝突事件で、これにより日中戦争（支那事変）が始まった。

再びビザが発給されると、三十三期生は南洋一班を除く二十八班が中国本土を広く巡った。しかし、次の三十四期生は六月に出発したあと、七月の盧溝橋事件で日中戦争が始まったため、直ちに帰院するよう書院から電報を受け、二十三班が旅行を中断している。

しかもこの年、上海での戦いが激化し、帰院した学生たちは長崎市の仮校舎へ移動した。その直前には軍部の要請に苦慮しつつ、大内暢《ちょう》三《ぞう》院長は学生たちに半年間の通訳従軍と後方支援を説き、順次七十九人が志願。そして十一月三日、徐家匯《じょかわい》の校舎は中国兵による略奪と放火で焼失、三十万枚あまりの「大旅行」の原稿も焼失し、翌年から避難民で埋まった上海交通大学の校舎を借用することになった。

満州（中国東北部）**松花江を航行する日本の軍艦**＝30期生撮影

翌三十五期からは戦時下の中国本土で日本

軍の占領地域内に限られ、期間も一カ月程度に短縮され、書院時代最後の三十八、三十九期まで続いた。

第四期は「消滅期」である。三九年、書院は東亜同文書院大学に昇格した。「大旅行」はゼミ担当教授の研究分野に即して長江デルタで三週間ほど調査のあと各地へ散った。そして四十二期生はそのような動きから今後も「大旅行」が続くのか懸念し、それぞれが私的な大旅行を行い、その中には軍部による農村の安定化を策す清郷工作に参加した学生もいたという。繰り上げ卒業もあり、この四十三期生の私的「大旅行」がほぼ最後となった。

一方、大学昇格とともに、書院の伝統性をそのまま継承すべきだという意見もあって、四三年には新たに専門部も設置され、四四年、新たに二年次の学生たちは内蒙古などへ「大旅行」に出かけたが、五期生以来の伝統的「大旅行」はそれが最後となった。向学心と好奇心に燃える学生たちの夢は、戦争で打ち砕かれたのである。

※ 清郷工作

一九四一年から汪兆銘政府と始めた長江下流農村での匪賊排除、のち八路軍排除のための安定農村づくり。

九　足で集めた20万ページ

東亜同文書院の「大調査旅行」は五期生から四十三期生（一部は専門部四十四期生）まで二十世紀のほぼ前半にかけ、実に七百ものコースに及び、その調査は中国本土を中心に満州（中国東北部）から東南アジアまで広域にわたった。それはどのようにまとめられ、公表されたのであろうか。

まず、調査報告書は、秋の終わりに帰院した書院生が薄い美濃紙にテーマごとに筆記し、翌春までに仕上げた。実際の観察や見聞、調査と現地資料などを駆使し、卒業論文として提出された。美濃紙片面を一ページとすると四百ページを超える力作も散見され、脚力で実地踏査した説得力がある。

また、生々しく現地を記録した日誌は十九期生から正式に提出された。内容は個人により濃淡があるが、卒論に負けず力作が多い。各班

『支那省別全誌』全18巻のうち、第1巻「広東省」の表紙

の日誌はその要点を抜粋し、全三十三巻が各学年ごとに学生による編集委員会の手でそれぞれタイトルをつけて刊行されたことはすでに触れた。

筆者は、元の手書き原稿から、当時の中国の各地域を活写している日誌を抽出し、『東亜同文書院中国調査旅行記録』を順次刊行し（大明堂）、このほど最終第五巻『満州を駆ける』を刊行した（大明堂分も不二出版扱い）。目を通して臨場感を味わっていただければ幸いである。

そして根岸佶《ただし》教授が『支那経済全書』全十二巻を刊行したのと同様の手法で、それまでの学生たちの卒論の成果を用い、一九一六（大正五）年から二〇年にかけて『支那省別全誌』全十八巻にまとめ、東亜同文会から刊行された。編集は当初、政治地理学の大村欣一教授が中心になり、各旅行誌の巻頭には激励文や詩を寄せた。根津一院長は第一巻の巻頭で、延べ千人の学生が二十万ページの報告書をまとめており、その成果を世に問い、中国研究に大きく貢献したいと、その序文で述べている。

　ちなみに第一巻は広東省で第一回の五期生から十三期生まで九人の報告書がベースに採用され、同省の総説、開市場、貿易、都会、交通及《および》運輸、郵便及電信、気候、主要産業及工業、商業慣習、組合及問屋、倉庫、貨幣金融度量衡などにわたり千二百ページの大作となった。以下各巻も千ページ前後で他に例のない一大地誌大系ともいえる。

　その二十年あまりのち、『新修支那省別全誌』全二十二巻が刊行されることになった。内容はより詳細になり、書院卒で外務省に勤めながら中国を歩き回った米内山庸夫《よないやまつねお》が編集を担当。序文には東亜同文会会長の近衛文麿が「大陸の実情を明らかにし、アジアの諸民族との共

※　**米内山庸夫**　書院第八期卒業生。中国領事館に勤め、孫文を支援。中国を東西南北旅行し、金石書画などに詳しく、多くの著書を出版し、支那通として知られた。

『支那省別全誌』全18巻

存共栄に寄与したい」と述べている。

しかし、戦争が激化する中、九巻目で刊行が中断された。にもかかわらず、二十世紀前半の中国像に迫った両シリーズの大作はあらためてその価値を高め、評価されていくことだろう。

十　記録が語る中国の実像

筆者は東亜同文書院生の「大調査旅行」の日誌や報告書を三十年近く研究し、日誌をもとに『東亜同文書院中国調査旅行記録』全五巻を刊行したほか、『東亜同文書院生が記録した近代中国の地域像』（ナカニシヤ出版）や『東亜同文書院・中国大調査旅行の研究』（大明堂、および愛知大学文学会）などの研究書も刊行した。書院生の記録をベースに得られた若干の知見について紹介してみよう。

書院生が歩き巡った二十世紀前半期の中国は、革命と戦争に明け暮れ、全体としては混乱期であった。書院生の記録には、革命や各地の軍閥間の壮絶な戦闘の様子が克明に記録される一方、近代化の歩みを始める地域の姿も記されている。

一般的に伝統的な中国社会では公的空間の価値はほとんど認められず、農村も町場も道路はきわめて狭く、汚物やゴミが散乱し、上下水道もなく、書院生も不衛生な面を観察し強調している。

そんな中、コロンス島から対岸の厦門《アモイ》の街へ入った書院生はそのすさまじい汚さに驚き、中国一汚い町だと記している。しかし、同じ沿岸部の汕頭《スワトウ》や広東《カントン》では一部で市街地の再開発や上水道の計画がすすん

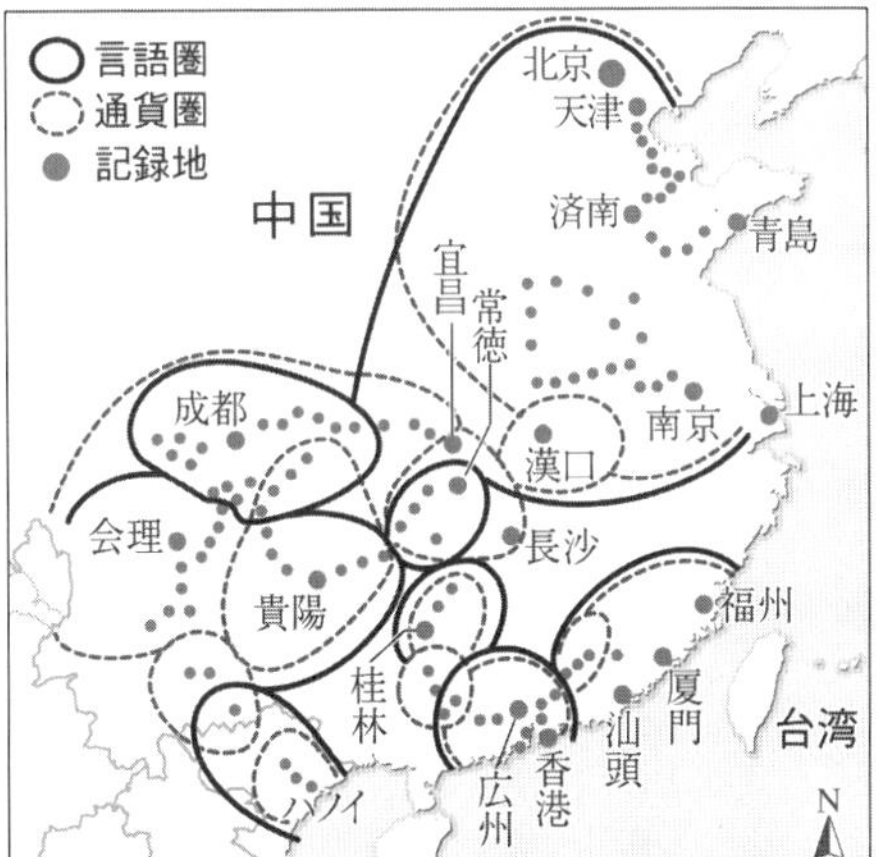

書院生の調査から作成した言語圏・通貨圏（藤田原図）

でいたと記録している。軍閥の都市改良施策に、西洋列強の植民都市が多い東南アジアから帰郷した成功組の華僑の経験や、香港における英国流の町づくりの影響が加わったものと思われる。一方、厦門の街が汚いのは、対岸のコロンス島に西欧人や成功組の華僑が住み、厦門の市街には住まなかったためであった。

また、一九三〇（昭和五）年前後の四川省に入った書院生たちは、成都や重慶だけでなく、地方都市に歩道付きの広いバス道路の建設がすすみ、その工事はいずれも各軍閥の軍隊が担当し、そこにフォード型バスが走り始めたことを驚きの目で記している。例えば徳陽の記録では「徳陽公園ニハ、花園、茶館、図書館等アリ。此地《この》以北ハ第二九軍田頌堯ノ管轄地ナリ」とし、車道や公共施設、市街地再開発の工事はいずれも各軍閥の手でなされたことがわかる。さらに四川盆地周縁の山地、汶川《ブンセン》や茂県などの町でも車道や運動場、図書館が造られつつあり、図書館の本は上海から取り寄せていると記している。

四川省では割拠する各軍閥がそれぞれの統治領域で互いに公共投資を競う状況が記録され、省単位の公共投資合戦がみられる現代中国の原型が読み取れる。そして各軍閥のトップはいずれも日本への留学経験があり、日本の近代化をモデルにしている点で共通する。一方では戦争に明け暮れた陝西省や山東省の軍閥もいたが、中国の公共空間の近代化はもっぱら軍閥がつくり出していったのである。

十二期生は各地の言語や貨幣についても記録している。その言語の共通範囲を文化圏とし、貨幣の共通圏を経済圏とみなして地図上に表すと、一五五ページの挿図のようになり、両者の重なる圏域は最も強固な独立圏を示すことになる。これは今日の中国を理解する上でも説得力がある。

第七章

激動の中で

一　牧野伸顕の自由主義

ところで舞台を少し前に戻したい。

一九二三（大正十二）年、東亜同文書院の神様と称され、教職員のみならず学生からも敬愛された根津《ねづ》一《はじめ》が院長を辞任し、そして二七年に逝去した。書院の構想から設立にかかわった荒尾《あらお》精《せい》、近衛《このえ》篤麿《あつまろ》の遺志を継承し、それを実現してきた三人目の功労者が世を去った。根津は院長として最も長く書院にかかわり、資金難に苦しみながらも中国との関係を思想的にも成熟させ、書院の骨格を形成発展させた。また、東亜同文会の幹事長も務め、実行力と責任感で経営と教育事業の両輪を担った。

書院のリベラルな学風を保った牧野伸顕

根津院長が辞任する前年の

※　鍋島直大
一八四六～一九二一。肥前（佐賀）第十一代藩主。明治政府に出仕し、イギリス留学ののちイタリア公使。帰国後は貴族院議員、元老院議官などをつとめ、皇室を支えた。

二二年、東亜同文会は財団法人化され、寄付行為の規則により、会長、副会長、理事長、理事の役割が明確化されるとともに、会員大会と評議員会が設けられ、長年会長であった鍋島直大《なおひろ》を独自に総裁とし、牧野伸顕《のぶあき》を会長、近衛文麿を副会長に、理事長には日清貿易研究所卒で航運業で活躍していた白岩龍平。書院卒の評議員の数もふえた。

牧野は会長就任の条件として「純粋の教育文化事業に限定」という原則を打ち出し、かつて篤麿が主張していた政治色のないこの原則をぶれない形で再度明確にして財団法人として新たに船出した。具体的には調査、研究、出版事業と、書院および中日学院などの教育事業に重点が置かれた。前述した『支那省別全誌』全十八巻の刊行に続いて新修版が計画される背景にもなり、東亜同文会ともども多くの刊行物が生まれた。筆者の概算では刊行物はほぼ二百五十点を数える。

牧野は一八六一（文久元）年、薩摩藩士の大久保利通の次男として生まれ、すぐ牧野吉之丞の養子として育てられた。特筆されるのは十歳の時、父らとともに岩倉遣欧米使節団に加わり、アメリカの中学で国際感覚を身につけたことである。帰国して大学校（のちの東京帝国大学）に入り、中退して外務省へ入省。その後福井や茨城の県知事、イタリアなどの大使、そして農商務大臣や外務大臣を務め、第一次大戦後のパリ講和会議には次席全権大使として参加している。その時の日本側交渉団には近衛文麿もいた。元来穏健な自由主義論者で、二五年には内大臣となり、皇室の国粋化を避けたとされる。

そのため、次第に軍国主義が強まる中、三六年の二・二六事件では箱根の温泉宿に投宿中、青年将校に命を狙われるが、警備の警官や孫娘の機転で命を救われている。その孫娘は戦後首相になった吉田茂の娘、麻生和子氏（故人）であった。

牧野の方針のもと東亜同文書院は常にリベラルな学風を保つことができ、次第に窮屈になる内地の学校とは異なっていた。そして、この事件を機に会長を辞任した牧野の後任に文麿が就き、その姿勢を継承

※　**岩倉遣欧米使節団**

一八七一年から七三年にかけて岩倉具視を代表とする政府首脳陣や留学生など百名を越える使節団で、米欧への友好、不平等条約改正予備交渉、欧米文化の見聞に出かけた。実際の見聞が明治の近代化を一気に促すことにもなった。

※　**二・二六事件**

一九三六年二月二十六日から三日間、千四百名余を率いた陸軍の皇道派系の青年将校によるクーデター事件。失敗に終わったが、時の総理大臣、蔵相、内大臣などが殺害されて政党内閣が倒れ、以降軍国主義への道を歩むことになった。

した。

二　中華学生部の併設…廃止

一九一八（大正七）年は東亜同文書院が中華学生部の併設を決めた画期的な年であった。当初、清国留学生の教育は東京同文書院が受け入れていたが、中国での日本の権益拡大を求めた二十一カ条要求問題で反日運動が起き、学生数は激減し、やがて閉鎖された。したがって中華学生部の併設は、日中両国の学生が共に学ぶ本来の書院がここに実現したことを意味した。

また、天津同文書院（二一年）、漢口同文書院（二二年）も相次いで開設され、中国人教育の窓口を広げた。こうして、国民党政府との協定のもと、中華学生部が東亜同文書院に開設された。定員五十人で、一年目は日本語と英語教育を中心にした特設予科で、あと三年間は日本人との共学の同一コースであった。

しかし、開設の間際に北京で五・四運動が始まり、排日運動が全国に広がる中で、一年目は清水董三《とうぞう》教授が、二年目は馬場鍬太郎《くわたろう》教授らが全国を巡って学生を公募した。この結果、初年度は国や地方政府からの公費推薦生と私費生がほぼ半々の三十五人が入学した。中華学生部の授業料は中国の国立大学や欧米のミッションスクールに比べても格段に安く、経済的に恵まれない中学卒業の学生たちが入学し、日本を旅行する機会も与えられた。しかもこの時期、書院は高等専門学校に指定され、中華学生部の卒業生は京都帝大、東北帝大、大阪商大、早大、日大などへ進学したほか、日中の有力企業へ就職するケースも目立った。

しかし、この二〇年代、中国はめまぐる

キャンパス内に新築された中華学生部

※　梅電竜
書院の中華学生部初期の学生。中国共産党の影響を受け、学内で社会主義運動のリーダーとなり、党組織をつくった。

※　西里龍夫
一九〇七〜八七。熊本県出身。書院二十六期生。書院在学中「日支闘争同盟」を結成し、日本海軍陸戦隊に反戦ビラをまく事件を起した。戦後日本共産党熊本県委員長として活躍した。

しく変化した。二一年に上海で中国共産党が結成され、中華学生部の学生たちはその影響を強く受け、中国側官憲の手が届きにくい学生寮を活動拠点とするようになった。梅電竜《ばいでんりゅう》をリーダーに共産党細胞が生まれ、折からの外国学校を追い出す教育権回収運動と反キリスト教運動から反帝国主義運動へと活動を強めていった。清水董三教授は、次々と逮捕される中国学生たちの引き受けに走り回り、面倒もよくみたという。なお、中華学生部長は院歌の作詞者でもあった大村欣一教授が逝去し、坂本義孝教授が引き継いでいる。

中華学生部の学生たちの思想や行動は次第に日本人書院生にも浸透し、書院にも共産主義青年団組織ができ、西里龍夫や安斎庫治、中西功《つとむ》らが反戦運動をするようになり、三〇年には日本海軍陸戦隊、三二年には日本軍人に反戦ビラをまいて逮捕され、書院は三四年にその拠点にもなった中華学生部を廃止するに至った。総計五百人ほどが入学したが、日中関係のきしみの中で卒業できたのは一割ほどであった。

九〇年代当初、上海で中華学生部の卒業生を追った水谷尚子氏は、リーダーの梅電竜は在学中勉強家でおとなしい性格だったこと、また同窓生たちは「同文書院は良い大学だった」「時代が時代でなければ同文書院は…ユニークで理想的な教育機関だった。今のように平和な時代にこそ、国家的野心がなく両国の人が学ぶこういう機関があればいいと思う」と口を揃《そろ》えて語ったという。

三　魯迅、書院生の心を打つ

東亜同文書院にはその折々に著名人が訪れた。日本人では、一九一一（明治四十四）年に日露戦争で指揮をとった東郷平八郎と乃木希典《まれすけ》の両大将が、二九年にはのちの首相犬養毅と玄洋社の頭山満《とうやまみつる》が訪れている。犬養と頭山は立場こそ違うが、孫文支持という点では一致していた。

※　安斎庫治
一九〇五～一九九三。書院二十七期生。大連出身の満鉄からの派遣生。西里龍夫や中西功らと中国共産主義青年団の書院細胞を結成し、ビラまき事件で検挙。三一年の学内ストで退学処分。戦後親中派として中国へ渡った。

※　中西　功
一九一〇～一九七三。三重県出身。書院二十九期生。西里、安斎らと同様の活動を行うが、卒業後満鉄調査部に入り、支那抗戦力の大きいことを示す。戦後は日本共産党参議院議員となるが、安斎と同様に党中央から離反した。

※　東郷平八郎
一八四八～一九三四。日本海軍司令官として日清、日

露戦争に貢献。

※　**乃木希典**

一八四九〜一九一二。日露戦争で難攻不落といわれた旅順要塞を激戦の末に落したことから日露戦争の英雄となった。

※　**顧炎武**

一六一三〜一六八二。明末から清初の儒学者。中国各地を踏査し、地理、歴史をふまえた実証研究よる実用学を究明した。

一方、中国人では、二七年に胡適《こてき》、三一年には魯迅《ろじん》が来院。この二人はその時代を代表する思想家であった。胡適はアメリカの二つの大学に留学してプラグマティズム（実用主義）も学び、口語文による白話文学を提唱するとともに、マルクス・レーニン主義を批判し、共産党が統一するとアメリカへ亡命した。それに対して魯迅は日本へ派遣され、仙台医専（のち東北帝大医学部）で医学を学び、そのあと文学に転向して人々を文学で啓蒙《けいもう》する方法をとった。『狂人日記』以降の作品は中国に近代文学を成立させたとされる。

書院で特別講義を行った胡適のテーマは「幾人かの反理学的思想家」で、西暦一〇〇〇年以降一六〇〇年までは中国の哲学は理学の時期で、それ以降が反理学の時期として位置づけ、顧炎武《こえんぶ》など四人を例示した。

魯迅（新華社＝共同）

一方、魯迅は「流氓《りゅうぼう》と文学」をテー

※　**司馬遷**
紀元前一四五〜？　前漢時代の歴史家で『史記』を著す。

※　**劉備**
一六一〜二二三。中国三国時代の武将。諸葛亮の補佐を得て蜀漢の皇帝になった。

※　**劉邦**
紀元前。前漢の時代の皇帝。

マに講演し、書院生たちがその内容や感想を記録に残している。書院卒の笠坊乙彦氏が講演を次のようにまとめている。

《流氓には二種類の流れがあり、一つは孔子の徒で儒者、もう一つは墨子の徒で任俠《にんきょう》の輩《やから》。本来両者は善良だったが、のちに彼らの思想が堕落すると徐々に流氓化した。司馬遷も言うように儒と俠が害毒を流した。この流氓はもし時宜を得たなら非常に恐ろしいものになり、軽視できない。政治が衰弱すると流氓はそれにつけ込んで勢力を拡大し、政府を転覆させ、とって代わる時も少なくないからだ。劉備《りゅうび》も以前は一介の流氓だったのに後には先主と称された。劉邦も朱元璋＝洪武帝（明の太祖）も同じだ。

それが文学とどうかかわるかは、国民党が北伐に成功して以降、新しい文学は滅んでしまったように、流氓がひとたび勢力を得たら文学はたちまち破産するという関係にある。新しいものがないから旧に復するしかない。国民党は成功していない時は終日新文化を提唱し、成功したら復古だ。そのやり方は儒者の詭弁《きべん》と任侠の威嚇と同じだ。そして『奔流』など少し左傾した刊行物の若い五人の作者がひそかに逮捕され、銃殺や生き埋めにされた。始皇帝よりもひどい…》

魯迅の講演は未発表の内容であった。弾圧に対する抗議の声は聴く者の魂をゆさぶり、魯迅の訴えは書院生の心に届いた。緊迫した日中関係の時期に魯迅が書院へ講演に訪れたことについて笠坊氏は、魯迅が足繁《しげ》く訪れた内山書店で、店主の内山完造と本を探す書院生の会話をよく耳にしており、鈴木擇郎教授からの依頼を引き受けたのだろうと分析している。

※ **内山書店**
内山完造（一八八五～一九五九）が経営。岡山県出身。一九一三年中国へ渡り、一七年本屋を開き、二四年より本格化。次第に日中文化人のサロンとなり、多くの日中文化人と交流した。

四　戦火乗り越え大学昇格

一九三七（昭和十二）年十一月、東亜同文書院を再び悲劇が襲った。虹橋路《こうきょうろ》校舎の焼失である。ドイツ式装備で強力となった一部の中国軍

焼失した校舎

※　田中啓爾
一八八五～一九七五。東京出身。地理学者。東京高師卒業後欧米に留学し、同校教授、のち東京文理科大学地理学専攻教授。フィールドワークによる地誌研究で多大な成果をあげた。

と日本軍が衝突した第二次上海事変でのこと。中国軍は共同租界からフランス租界西側へ後退するルート上にある書院へ侵入し、商品見本や図書、備品などを略奪したあと放火。壮麗な校舎とともに十万冊の図書、十万点の商品見本、そして三十万枚の大調査旅行記録も三日三晩の炎上で焼失した。その直前に書院を訪れ、厖大な大調査旅行記録を見て参考にした地理学者の田中啓爾《けいじ》は、その報に涙を流したという。

書院は長崎に一時避難して上海での再建を期するが、財政難でもあり、徐家匯虹橋路校舎隣の避難民で埋まっていた上海交通大学を軍政府から一時借用した。戦時下でもあり交通大学側が認めたわけではないが、この一件は戦後、東亜同文会を継承した霞山会《かざん》（霞山は近衛篤麿の雅号）の北川文章理事長、星博人専務理事の時代に両氏が仲介の労をとり、二〇〇四年から交通大学と愛知大学の研究者間で史実に基づく書院研究をすすめる契機となった。

書院再建は新キャンパス建設も構想し、寄付金募集と図書の充実から着手された。図書は新規購入のほか、卒業生や日中の企業、出版社、満鉄調査部など研究機関、篤志家、他大学の図書館などから寄贈が相次ぎ、当初六万冊ほど、のちに二十五万冊もが集まった。それらの受入台帳は今も上海交通大学に所蔵されている。そして同時に書院の大学昇格を望む声が大内暢三《ちょうぞう》院長や教職員、同窓会や学生から一斉に湧き上がった。より広く高い視点から中国・アジアの経綸《けいりん》に参加できる人材養成と中国研究の最高学府を実現するという構想が語られた。その背景には中国研究における蓄積と自信があった。そのような中、のちの四〇年には大内暢三学長が上海特別市土地局に、大学昇格をふまえて書院大学の新しい校舎用地確保の申請をしており、新キャンパスを構想していたことが知られる。

東亜同文書院の院長になったころの近衛文麿

当時の東亜同文会会長は近衛文麿で、三六年に就任した。二六年から三一年まで書院院長も務め、時に上海を訪れ、書院で教職員や学生に訓話をしている。近衛は三七年に第一次、四〇年に第二次、四一年に第三次内閣を組閣し、泥沼の太平洋戦争へと突入することになる。

この近衛会長が三八年、時の有田八郎外務大臣に大学設立申請書を提出し、実学に基づく学術振興の功績が認められ、翌年一月には国会で承認、十二月二十六日に官報で公布された。こうして「大学令」による「東亜同文書院大学」が誕生し、学長に大内院長が就任した。この年には第一回の予科生として百六十人が入学した。教職員は八十人を数えた。

四〇年五月には軍事訓練もないリベラルな学園を維持してきた大内学長が病気で辞任し、後任を矢田七太郎東亜同文会理事が務め、同年十二月にはのちに最後の学長となる本間喜一教授が予科長に着任した。

大学昇格で予科と学部も開設し、ゼミ単位の研究も発展を遂げたが、戦局が厳しくなる中、繰り上げ卒業や学徒出陣、勤労動員を受け入れざるを得ず、戦時体制にのみ込まれていった。四三年に新たに付設された専門部は当初上海東部のキャンパスに開校したが、半年後には書院と同じキャンパスへ移動した。しかし、二年生からは同じく厳しい状況下に置かれ、四五年八月の終戦を迎えることになる。

※ 専門部
当初は上海東部の黄甫江沿いの米国系旧滬江大学校舎を利用したが、半年後には徐家匯の校舎で四四期から四六期生として予科本科生と一緒に学んだ。総数は五百余名。

五　東亜同文会が経営した中国での学校

最後に、東亜同文会が経営した東亜同文書院以外の中国での学校について少し言及しておきたい。

清国との教育・文化事業交流の発展をめざした東亜同文会が、当初清国からの留学生を東京同文書院で受け入れたが、一九一九年の五・四運動によって留学希望者は激減した経過は第三章を中心にすでに述べた。

その動きに東亜同文書院が手をこまねいていたわけではなかった。

東京同文書院が閉校することになった二二年の前年二一年には中国天津に「天津同文書院中学部」を開校し、また翌年の二二年には漢口に「漢口同文書院中学部」も開校した。いずれも中国人の子供たちに中等学校としての普通教育の機会を与え、そのうち成績優秀な生徒には公費の留学生として日本の高等教育を受ける機会を与えようとするところに目的があった。そのため普通教科以外に日本語や日本文化の科目を設け、日本進学のためのカリキュラムが工夫され、初級中学三年から高級中学三年へとステップが用意され、日本への留学生も送り出した。

しかし、五・四運動の流れが、ミッションスクールなど外国人経営学校への増加に対する反発になってあらわれた。それが中国への教育権回収運動のナショナリズムを高揚させることとなり、天津と漢口の両校への風当りも強くなり、入学生の減少や在学生の退学増加となってあらわれた。そこで東亜同文会は天津については理事の大内暢三(のち書院院長、大学昇格時の学長)を派遣して北京大学の周作人教授らとも協議し、東亜同文会単独の経営を日中共同経営とするため、北京大学の五人の教授を加え、中日教育会を設立して、それまでの施設のすべてを同教育会へ貸与、経理は東亜同文会が担当することとし、校名を「中日学院」とし、二六年再スタートを切った。

しかし、それで順調になったわけではなく、五・三〇事件の影響と学生たちの政治活動の活発化もあってたびたび休校措置がとられたりした。四〇年以降は外国系学校の減少や日本人の増加の中、入学生は増

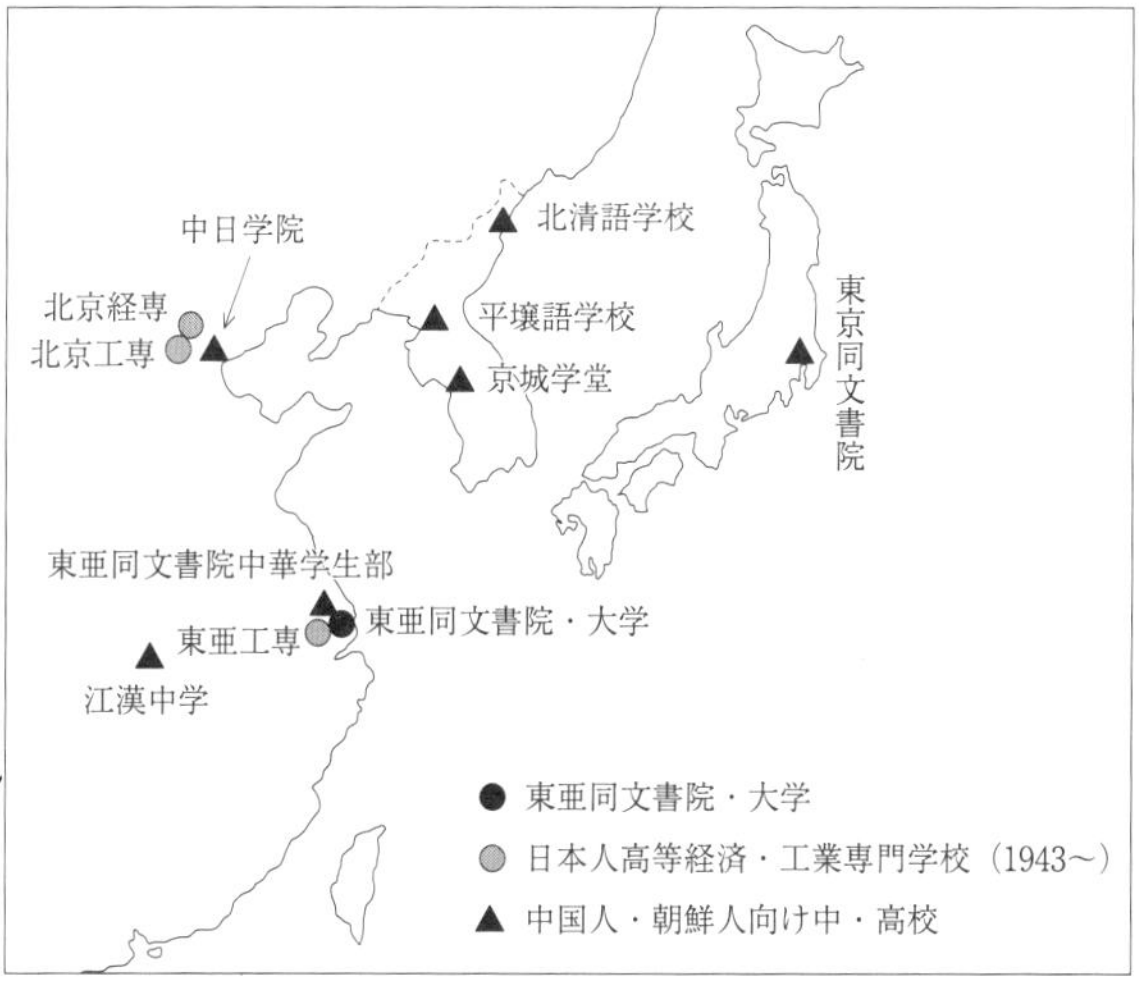

東亜同文会経営諸学校の展開分布図

え、就職も好調になったという。

このような対応は漢口同文書院も同様で、日中両国の理事会が経営することになり、校名は「江漢高級中学校」へ改称された。中日学院は三一年、この江漢中学は三二年、外務省による「補給留学制度」により日本人学生も二十名ほど入学するようになった。そして東亜同文書院に中華学生部ができると、この中学からも進学者が出ている。

しかし、江漢中学は支那事変により三七年から休校措置が続き、日本人学生は天津の中日学院へ転校した。四四年に再開したが、翌年の敗戦で廃校となった。戦局は江漢中学により厳しい形であらわれたといえる。

ところで、三七年、本家とでもいうべき書院が第二次上海事変下で焼失し、書院は大きな痛手を負った。校舎再生は緊急の課題になった。

その解決策を模索するためか、前述した上海での新キャンパス用地取得に動いたほか、東亜同文会は中国の新情勢に対応し、東亜文化をより発展させ、資源開発と恒久平和確立に貢献できる人材養成の教育機関として、北京に総合大学としての「東亜同文大学」のほか、「東亜同文農工業学院」、「東亜同文産業学院」、「東亜同文女子学院」の計四校の新設計画を打ち出し、外務省へ提出した。書院の北京への立地案浮上はこの辺にあったのだろう。

それに対する意見はここでは省くが、総合大学「東亜同文大学」構想は、書院が三九年に大学へ昇格することである程度満たされた。また、他の産業系大学構想は、四三年、日本政府や大東亜省から「華北高等工業学校」(新設)、北京興亜学院を引き継ぐ形の「北京経済専門学校」を、四二年イギリス系レスター工芸学院(上海)を引き継いだ「東亜工業学院」を経営委嘱される形で決着することになった。いずれも東亜同文会の新規計画がこのような形で具体化し、東亜同文会の経営する教育機関はかつての書院の農工科を上回る規模の幅を広げることになったのである。

石田教授の発表に集まった関係者。左から上尾龍介氏・石田寛氏・森下博氏（経専1期生）・高遠三郎氏（東亜同文書院41期生）

こうして東亜同文会が北京と上海で新たに経営を委嘱された三校のうち、北京興亜学院改変の「北京経済専門学校」については、広島大学名誉教授（地理学）の石田寛氏が資料と卒業生への聞き取りから、興亜学院からの移行も含め詳細な復元をされている。本学記念センターで講演をお願いした時は、興亜学院や北京経専の卒業生も数多く出席され、会場でそれらの方々の証言も引き出しつつ、その全体像を示された。その中で、帰属意識は長い歴史のある興亜学院卒としての認識が強いこと、また四四年の募集要項をみると、東亜同文書院大学予科（約百名）、同付属専門部（百六十名）、華北高等工業学校（約百二十名）、北京興亜学院（約百名）の四校が同一試験を行う形で募集していたこと、中学四年修了生も受験できるようになったこと、興亜学院時代の校長で中目覚《あきら》氏（地理学）がかなりリベラルな教育をめざしたこと、しかし、学徒出陣で学業が短縮されたことなどを明らかにされた。

第八章

キラ星のごとく

一　湖南省への航路開発

日清貿易研究所が一八九〇（明治二十三）年に開設されて五年間、東亜同文書院が一九〇一年に開設され、四五年の終戦で閉じるまでの四十五年間、合わせて五十年間に五千人もの卒業生が世に送り出された。十九世紀末から二十世紀前半の激動の時代に卒業生たちはどのような道を歩んだのであろうか。

当時の名簿や『東亜同文書院大学史』にはその軌跡が記録されており、一言でいえば、多分野で活躍した卒業生はキラ星のごとく、その豊富な人材、能力に驚嘆するばかりである。

もちろん、戦前の活躍の場は中国で、書院の基本方針である日中の共存共栄と、そのための自らの起業を目標に実績を挙げたことがわかる。戦後は一時、日中の交流が閉ざされるが、国交が回復されるころから卒業生の活躍が目立つようになった。

※　土井伊八
一八六八～？　石川県出身。日清貿易研究所卒業のあと、荒尾精が設立した商品陳列所を生かし小売業を営んだ。日清戦争後、これを瀛華洋行と改称し、商社の開拓者として発展させた。

この章では日中に懸けた卒業生の中から何人かを紹介したい。

まず、書院の原型となった日清貿易研究所の卒業生では、既成の組織へ就職せず、清国で自ら起業した人物が土井伊八など何人もいるが、ここでは白岩龍平を取り上げる。

一八七〇年生まれの白岩は卒業後、それも日清戦争後の一九〇〇年の東亜同文会の会合には会員として名を連ねている。もっとも日清貿易研究所卒業生も〇八年の名簿では六十九人が会員になっている。それだけではなく、白岩はこの年に同会の談話会で「湖南視察談」と題して一八九八年末から九九年二月にかけて湖南省を巡った報告をしており、湖南省への並々ならぬ関心を示している。

湖南省まで揚子江の航路を開いた白岩龍平

その背景には、日清戦争後の九六年に締結された日清通商航海条約があり、揚子江の支流が開放される機運が高まったことが

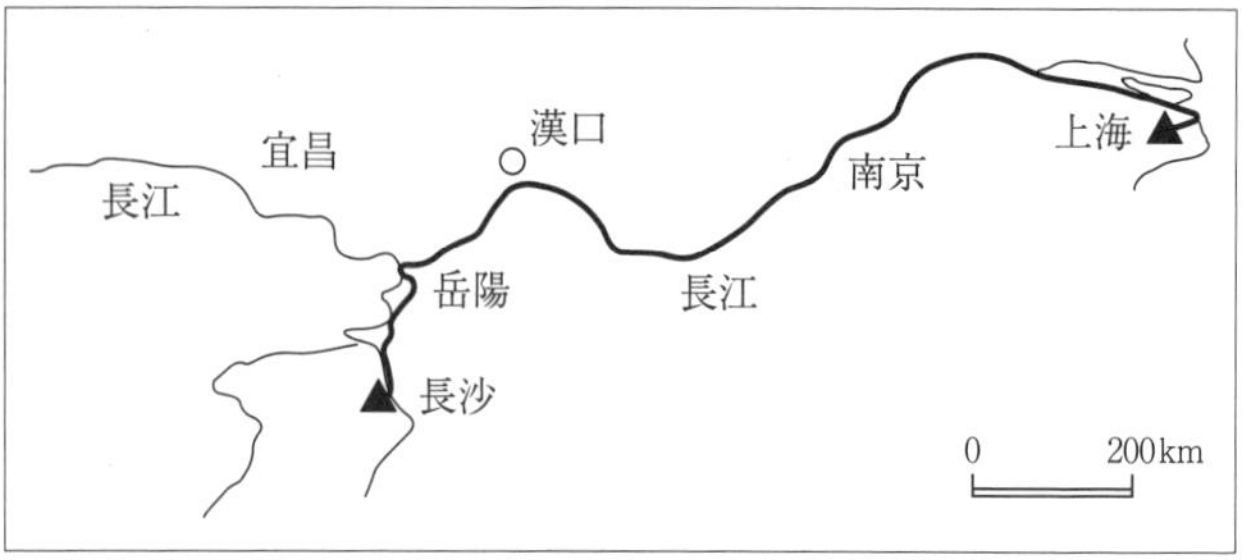

白岩龍平が開いた上海～湖南ルート

ある。白岩はその中で湖南省にこだわる理由を次のように述べている。

《湖南省は清国を再興した曽国藩《そうこくはん》や左《さ》宗棠《そうとう》などの豪傑をうみ、十六省の都督もほとんどが同省出身で、のちの毛沢東も同省出身であり、すぐれた人材を輩出している。しかし、中国一排他的でキリスト教の布教を拒絶し教会は皆無である。そのためか近代化はきわめて遅れ、省都長沙で目立つ工場はマッチ工場だけだ。これは湖南省の中央部を洞庭湖が占め、季節によって水位が上下し、少雨期にはいくつかの河川に変わり水運が不便なためでもあるとしている。それだけに豊かな農産物や鉱物資源を利用すべく、湖南省への航路を開発し、近代化に寄与したいとした》

白岩は二十六歳で上海に大東新利洋行を設立。多くの障害を乗り越え、次々と支流に航路を延ばし、時にはイギリスと協調しつつ、一九〇七年に新利洋行を日清汽船会社へ統合し、長沙への航路も開発し、ついに夢を実現させている。

二〇年には東亜同文会幹事、二二年には理事長として活躍した。白岩の日記を解説した中村義は白岩をアジア主義実業家として位置づけている。

二　卒業生たちの不屈の人生

筆者が東亜同文書院の研究に入って卒業生の聞き取りを始めた時、ご存命の最高齢は六期生（一九〇六年入学）であった。早速お会いする約束をしたが、筆者の都合でその日を延期させていただいた。ところが、その直後に訃報の連絡が入った。ご家族は「まるで恋人が来られるように先生を待っていました」と話され、大変ショックを受けた思い出がある。

そこで次にご高齢で九十歳を超えた九期生を訪ねるため、すぐ長崎へ飛んだ。玄関に入るとご家族が開口一番「先生がおみえになるの

大調査旅行に出発する左から斉藤文雄、中谷義信、鈴木泰の各氏

を毎日指折り数えて楽しみにしていました。まるで恋人が会いに来られるみたいだね、と冷やかしていましたよ」と言われた。それを聞いて大変うれしいと同時に、胸にいっぱい話したいことを詰め込んだ卒業生が、一日千秋の思いで待ってくれていたことを知った。以降、集中的に卒業生から聞き取り、またご存命の方々にアンケートをお願いした。

　ところで、聞き取りの際には、なるべく奥さまをはじめご家族にも同席をお願いした。ほとんどの卒業生は胸にそれまでの人生を秘めながら、家族にはあまり話してこなかった。また帰国後、「書院はスパイ学校だ」という偏った風評に反感を抱き、口を固く閉ざしてきた。そのため、巷では東亜同文書院にはいつも「幻の名門校」という枕詞《まくらことば》がついた。

同席したご家族は、その話の内容に驚嘆し、奥さまが夫を見直し、高校生ぐらいの孫やひ孫たちの目が輝くのがよくわかった。

この九期生は斉藤文雄氏で宮城県出身。辛亥革命の翌年に卒業し、同期生は商社や新聞社、満州鉄道、領事館、中国で教員などの職に就いたが、斉藤氏は自ら中国人の綿花商に丁稚《でっち》奉公に入り、中国商法をたたき込まれた。そして自ら大直公司を起業し、大成功した。かつて根岸佶《ただし》教授の指導で調査した清国商慣習の中へ飛び込み実践し、日中に懸ける貴重な人材となった。

その後、所帯を構え順調だったが、戦局の悪化が上海での情報からすぐわかり、家族を長崎へ避難させた。しかし、その長崎へ原爆が投下され、家族を避難させたことを悔い、落胆の日々を過ごした。

戦後は無一文で帰国。長崎で惨状を目の当たりにして家族を失ったことを確信したが、なんと落胆は一転喜びへと逆転した。家族と巡り合うことができたのだ。爆心地から少し離れた小山が爆風と閃光《せんこう》を遮り、家族は体中にガラスの破片を浴びたものの命は救われたという。しかし、喜びの再会も束《つか》の間、生活のため長崎でくず拾いから始め、路上でもめてばかりいた警察官とも仲良くなり、やがて紙店を営み成功したという。

書院の多くの卒業生たちは戦後、裸一貫でこのような第二の人生を歩んだ。そこには中国の農村を歩いて鍛えた不屈の魂があった。

三　多業種で発揮した才能

東亜同文書院の卒業生たちにとって日本での就職は、その志に沿わなかった。書院開設当初の清朝末期と、その後の辛亥革命で生まれた中華民国初期には、まだ日本資本の進出が少なく、第一次世界大戦の痛手で西洋列強の資本が勢いを弱めると、この機に乗じて中国の民族資本と同様、日本の商社や海運、紡績、精油、鉱山などの資本が一気に進出した。ただし、横浜正金、朝鮮、台湾の各銀行以外の金融資本は進出が遅れた。卒業生たちの就職先はこのような時代背景の中で選択された。

したがって、書院初期の卒業生は前述の日清汽船の創業者白岩龍平や、中国で起業した斉藤文雄氏のように、書院での経験をもとに独立するケースが多かった。大企業に就職するよりも自ら中小企業を起こし、日中貿易を支える人材たれと願った根津一《はじめ》院長の期待に応えるもので、その結果、多くの卒業生が独立起業し、日清貿易のパイオニアとして貢献した。

亜細亜鋼業廠時代の村川善美（前列左から5人目）**と後輩たち**＝遺族提供

『東亜同文書院大学史』では、卒業生

の独立起業精神にも光が当てられ、筆者も卒業生の聞き取り調査の中でもそういう人たちが目についた。書院卒業後の進路における大きな特徴といえる。その背景にはビジネススクールとしての書院に学び、とくに商業実習や大調査旅行で体得した経験、知識、自信があったこと、そして中国が資本主義の萌芽《ほうが》期にあり、経営的センスは書院卒業生の方がすぐれていたことがあり、そこで培った経験が戦後の日本でも発揮された。

例えば、一期生の石崎良二は上海で牛乳商を始め、乳牛を三頭から二百頭まで増やし、品質で高い評価を得た。また、二期生の石崎広次郎は他の商船会社に勤めたあと、長春で石崎洋行を設立して特産物貿易をすすめ、新京商工会議所会頭、満州商工会議所連合会会長、日満実業協会常務理事、満州特産物商組会長のほか多くの要職をこなし、満州経済界の重鎮となった。また同じ二期生の瀬波専平は、横浜正金銀行、次いで三井物産上海支店を経て、折しも上海紡績業の発展に着目し、紡績機械生産用の鉄工場である公興鉄廠を起業し成功している。同様に天津の商工会議所会頭になったのが六期生の岡本久雄で、現地実習のあと三昌洋行、のちには三昌棉花を起こし、綿花、穀物、大豆などの対日貿易で成功した。

貿易や商取引からメーカーにまで発展させた卒業生も数多い。十四期生の木村球四郎は日本人造繊維を設立、十六期生の村川善美は久原商事などを経て亜細亜鋼業廠を上海に設立し、鋳物工場やワイヤロープ工場、製缶工場、電気炉など多くの工場をもつ複合大企業に発展させた。戦後は中国の国営工場として継承された。また、二十六期生の前田増三は帝国ミシンでの経験をふまえ、リッカーミシン、蛇の目ミシンを設立し、欧米製品に対抗した独創的経営で知られた。さらに四十期生の信元安貞は戦後、曙ブレーキ工業で社長、会長などの要職を務め、新幹線車両のブレーキも開発した。

いずれも書院教育の成果であり、中国商工業の近代化に大きく貢献したといえる。

四　共存共栄の道を説く

二十世紀初頭の清国では日本から進出する企業が急増し、東亜同文書院の卒業生は、それら進出企業群の主力となっていった。

商社系で最も早く清国に進出した三井物産には一期から十期まで計三十六人が就職し、十一期以降を含めると合計七十人ほどに達する。早期進出組の大倉組（のち大倉商事）へは一〜十八期が二十八人、三菱商事へは五十人以上、日商岩井へは四十人、古河鉱業へは五十七人など、あまたの卒業生が入社した。そのほか住友商事やトーメン、伊藤忠商事、日綿実業、丸紅、兼松江商なども多い。

また、海運業も白岩龍平が創設した日清汽船をはじめ東亜海運、大連汽船、日本郵船、山下汽船などへ。紡績業では大日本紡績、鐘紡、富士紡績、中国国内だけの同興紡績へ。金融業では横浜正金や台湾、朝鮮の各銀行はもちろん、その後進出した日本、住友、三井、三菱、満州中央の各銀行にも入っている。そのほか満州（中国東北部）や東南アジア、欧米、南米など広範囲にわたり、いずれも要職に就き活躍している。

戦後の財閥解体期には苦労もあったが、企業再編の中、各企業の中枢を担い、敬遠されがちな海外市場も積極的に開拓した卒業生は多い。戦後のわが国の高度経済成長は中国や東南アジアから帰還した国際感覚豊かな書院の卒業生たちが支えたと言っても過言ではないだろう。

兼松の社長・会長になった小田啓二氏

そんな中、二十一期生の坂口幸雄氏は大連の日清製油に就職した。大豆やコウリャン、トウモロコシなどから製油する小規模企業であった。敗戦で工場は旧ソ連に接収され、彼がその処理を担当したが、中国人従業員が送別会を開いて別れを惜しんだという。帰国後に坂口氏らを中心に国内最大級の製油所を建設。その後中国への技術協力を図り、利益を独占せず、共存共栄の道を実践した。また社長や会長に就任すると、学閥人事を排除し、実力主義で企業を発展させた。坂口氏は戦前の中国での経験を生かし、その思考と行動の原理に書院精神の発現をみることができる。それは丸紅社長になった三十六期生の春名和雄氏のアジア戦略にも見てとれる。

一方、戦時一色の一九四三年に四十四期生で東亜同文書院大学へ入学した小田啓二氏は、戦後すぐ同大学を継承する形で開学した愛知大学でさらに二年間学び、卒業後は商社の兼松へ入社した。石油部門を担当し、七八年のオイルショックでは何と中国と忍耐強く交渉して石油輸入を実現。会社を救うとともに兼松の地位を飛躍させた。そしてトップに就任後も中国との共存共栄を経営の軸に据えた。小田氏はのちに愛知大学同窓会長になり、入学式や卒業式ですぐれた国際感覚に基づく経営理念を学生たちに説いてきた。

五　現場を重視　書院の伝統

筆者が二〇一一年春まで長らくセンター長を務めた愛知大学東亜同文書院大学記念センターには、書院の卒業生が寄贈した書籍や資料が現在一万点を超え、なお整理中である。それらをみると、日本へ帰国後も中国に多大な関心をもち、中国との交流も続けてきたことがわかり、書院教育の偉大さを実感することが多い。

伊藤喜久蔵氏

ある日、当記念センター入り口にトラッ

クが横付けされ、ミカン箱が五十個ほど搬入された。何事かと伝票の送り主欄を見ると、伊藤喜久蔵氏の名前があった。書院四十期生で当時中日新聞（東京新聞）の論説委員として活躍していた。箱の中には中国関連の書籍や資料がぎっしり詰まっていた。

それ以前には朝日新聞の論説委員であった蔵居良造氏（二十八期生）の蔵書を熊本の実家からわれわれの手で梱包《こんぽう》してセンターへ大量に送ったこともあった。新聞社に勤務した卒業生たちはやはり中国から目を離していないことが蔵書からもうかがえる。

ところで伊藤氏は中日新聞の香港、北京の特派員を務め、中国取材を担当していた。彼の北京時代は文化大革命期で、日本人記者の駐在が認められた一九六四年の翌年に北京入りしている。当時は他社の特派員も書院出身者がほとんどであったという。そんな中、彼はくり返される毛沢東支持のデモに疑問を感じ、運動の狙いが毛沢東に批判的な風潮を覆すことにあると見抜き、上海で起きたある演劇批判を端緒

※　大躍進政策
戦後、毛沢東が一九五八年から六〇年まで生産力で米英を追い抜く目的で農工業で行った大増産政策。机上の計画と幼稚な技術で失敗し、二千万人以上の餓死者を出し、国家主席を辞任した。

※　劉少奇
一八九八〜一九六九。中華人民共和国で毛沢東の大躍進政策の失敗により、国家主席になり、柔軟な政策を導入したが、続く文化大革命で毛沢東から追われ非業の死をとげた。


に、文革の裏側にある狙いを報じた。

それは毛沢東が大躍進政策に失敗した後、民衆の支持を集め台頭しつつあった国家主席の劉少奇《りゅうしょうき》の失脚を狙ったものであることをいち早く報じたもので、六七年に国際報道に貢献した報道者に与えられるボーン国際記者賞を受賞した。伊藤氏は中国政府の公式見解に振り回されず、現場の動きから本質をえぐる、書院の大調査旅行の伝統を自ら実行した。当時、外国通信社の多くが伊藤氏の記事を翻訳して伝えたという。

書院の大調査旅行の伝統は、ジャーナリズムの世界へも卒業生を送り出した。前述した東亜同文会が清国時代に各地で新聞を発刊したり、既存の地域紙を支援したこともその契機になっていた。入社した主な新聞社名は、宗方小太郎が発刊した漢報や閩報《びんほう》、白岩龍平らによる亜東時報、東亜同文会の同文滬報《こほう》、周報上海、東方通信、支那時報、青島時報、支那問題、上海タイムズ、黄会、外交春秋、民国日報、江南晩報、大陸新報、盛京時報など数十社。主に漢字紙で上海を中心に華南から満州まで全国に広がっている。

もちろん、内地の朝日、毎日、読売など各新聞社へも多くの卒業生が入社し、戦後にかけて中日、西日本などのブロック紙、共同通信や時事通信などの通信社、NHK、民放各局とメディア界で活躍した。

例えば、二十五期の田中香苗氏は戦後、毎日新聞社の社長になり、西日本新聞社の論説委員を務めた益田憲吉氏はコラムや地元の講演会で読者の人気を博している。いずれも徹底的に現場主義を貫いた点で書院教育の伝統が生かされた。

六　磨かれた国際感覚

東亜同文書院の政治科、商務科の卒業生は、外交官を志す者が多かった。清朝末期以来、日清両国の関係が強まる中、次々と開設される領事館には中国語に堪能で中国事情にも通じた書院生が登用されるのは当然でもあった。のちに誕生した満州国の官吏にも卒業生が多く採用されている。

しかし、総領事に就任してもあくまで中国内の領事館人事であり、書院を下級外交官の養成所だと見る向きもあった。そのような偏見に風穴をあけたのが五期生の石射猪太郎《いしいいたろう》であった。一九一五(大正四)年の外交官試験に合格すると、次々と後輩が続き、中国に限らず世界各国の大使館や領事館で活躍した。

その石射は、戦後の四六年に外交官を辞し、それまで書き続けた日記をもとに『外交官の一生』(中公文庫ほか)を著した。二度にわたる上海総領事や外務省東亜局長などを務めた石射は、日中戦争に突入していく中で両国の指導者たちが和平を模索する動きを活写し、反響を呼んだ。

著書によれば石射は、政治に介入してくる軍部の国際感覚の欠如や独断専行が日中関係を悪化させていくことを憂慮し、東亜局長時代に仲裁案や妥協案を提出している。そこでは中国との対等な関係を原則に少しでも直接対決を避け、かつ日本外交を正常なレベルに引き戻そうと忍耐強く努力した状況がわかる。しかし、外務大臣の力量不足や軍部の横車などで実らず、結果として軍部が自滅していく過程も克明に描いた。随所に石射のバランス感覚と、書院時代に培った国際感覚が読み取れる。

もう一人、外交官ではないが、若干外交にかかわった点で中山優《まさる》を取り上げてみよう。中山は十六期生で政治科へ入学。在学中は授業にほとんど顔を出さず、図書館で独学する姿が多かった。自由奔放な生活でも知られ、そのため卒業はできなかったが、根津一《はじめ》院長が実力を

上海総領事になった石射猪太郎（前から2列目、左から6人目）を歓迎する同窓会

認め、頭山立助に続く二例目として修業証書を授与した。

中山は卒業後、朝日新聞に入社するが、病気になり、家族とどん底生活を送った。その後、外務省嘱託となり、満州事変後の中国各地を巡り、対中政策の評論を著した。その折、三七年に近衛文麿に出会い、盧溝橋事件のあと近衛が日比谷公会堂で演説する原稿を書き、その後も何度か担当し、近衛の側近たちとも知り合うことになった。

その縁か、石原莞爾《かんじ》らの要請で三八年、満州新京に設立された建国大学の教授に就任することになった。同大学では中国古典哲学をもとに東亜政治論を担当した。同年十一月の近衛声明の原稿も執筆し、汪《おう》兆銘《ちょうめい》の重慶脱出をもたらした。近衛は書院出身の中山を最も信用したものと思われる。

中山が戦前、戦後を通じて著した日中関係の諸評論はきわめてバランス感覚に富み、今日の日中、日米関係のあり方に大いに資するように思われる。

※　**頭山立助**
頭山満の息子

※　**汪兆銘**
一八八三～一九四四。中華民国の知日派の政治家。反清運動から蒋介石、共産党などとの連携や反目の中、日本占領地内での新政府を樹立し、日本と和平締結をめざすが、日本側の強硬姿勢に実現しなかった。しかし、四〇年、南京国民政府

を設立させ、主席となった。戦時下の名古屋で死去している。

※　**奥羽越列藩同盟**
戊辰戦争の最中に陸奥、出羽、越後の諸藩が新政府への抵抗勢力として結ばれた同盟。朝敵赦免が拒絶されたため、軍事同盟化して対抗した。

七　孫文を支えた山田兄弟

　東亜同文書院からは多くの教育・研究者も生まれた。その先駆けが山田良政、純三郎兄弟であったと言えば驚かれるかもしれない。兄の良政は一八六八（慶応四）年生まれで、一九〇〇（明治三十三）年に開設された南京同文書院の教授兼幹事として赴任した。八歳下の弟の純三郎は同書院に入学し、翌年上海へ移転した東亜同文書院の助教授兼事務員として中国語や英語を教えた。

　山田兄弟は津軽弘前の出身である。東北出身者が中国で活躍するのは珍しいが、津軽藩は幕末に反官軍の奥羽越列藩同盟に入らず、東北の他藩に比べ明治政府の覚えがよかった。多くの外国人教師を招いて国際教育を行うなど先進的な東奥義塾を創設した菊池九郎は兄弟の叔父である。兄弟は菊池の薫陶と、通りを挟んだ目の前の隣に住んでいた陸羯南《くがかつなん》から思想的影響を受け、良政がまず清国へ飛び出すと、純三

弟の山田純三郎（左）と孫文

郎もそれに続いた。

山田良政は水産伝習所から北海道昆布会社へ就職し、清国へ販路を広げるために転勤で渡った上海で日清貿易研究所と荒尾精の影響を受け、中国語と中国事情に通じていった。九九年に帰国し、その折に東京で孫文と会って意気投合している。そのため翌年の義和団の乱に乗じ孫

山田良政

文が主導した恵州（広東省）での蜂起に賛同し、南京同文書院を辞め恵州へ向かったが、台湾で調達するはずだった日本からの武器援助が中止になり、その情報を現地司令官に伝えたあと行方不明となった。

数年前、われわれは台湾の中央研究院で良政の死を確認したとみられ

る文書を発見したことがある。

辛亥革命成功後、孫文は「山田良政君碑」を東京・谷中の全生庵《ぜんしょうあん》に建立して敬意を表した。革命の犠牲者となった良政にはまさに民族を超えた信義があった。一方、山田純三郎は一九〇四年、書院を辞め、日露戦争時に郷里の師団の通訳として従軍している。日露戦争後は満州で資源調査に従事し、のち書院教授に返り咲き、さらに満鉄へ入社。

そんな折、一一年に辛亥革命が起こり、孫文が欧米から帰国するのを香港で宮崎滔天《とうてん》とともに出迎え、上海へ向かうが、生前兄を通して知り合った孫文と再会し、兄の遺志を継ぐべく孫文を支える決意をした。以降、実質的に孫文の秘書と世話役に徹し、孫文の絶大な信頼を受けた。

とくに孫文は純三郎を介して日本の財界から多くの革命資金の援助を得た。袁世凱に大総統の椅子《いす》を譲らざるを得なかった孫文は袁世凱打倒の第二革命に向け、武器入手を目的に満州の租借案まで示したとされる。しかし、孫文派の宋教仁《そうきょうじん》の暗殺と第二革命の失敗、さらに片腕の陳其美《ちんきび》も暗殺され、日本政府が離反する中で、孫文の立場は大きく動揺した。孫文は二四年に神戸で日本がアジアの盟主たれるかを迫った有名な「大アジア主義」講演のあと北京で病死するが、山田純三郎は孫文の臨終時まで孫文の側近として尽くした。辛亥革命を支えた多くの日本人の中で山田兄弟の功績はひときわ輝いている。

八　戦後も中国と懸ける

戦後、書院卒業生たちは中国との国交がなくなり、直接的に中国での活躍の場をもてなかった。しかし、少しでも中国との接点を求め、香港や台湾、東南アジア諸国で活躍した卒業生は多く、そのような彼らが戦後日本の高度経済成長を最前線の市場開拓で支えた面も大きかった。

それだけに、一九七二年に日中国交が回復し、七八年から中国での改革開放が始まると、中国とのつながりを求める卒業生が多数あらわれた。しかし、戦後の日中国交が途絶えた期間が長かったため、その活躍の場を得た書院の卒業生は三十期代後半から四十期代に限られた。

そのような活躍の中で、単にビジネスとしてではなく、本来の日中間の交流をめざした卒業生も多く、そこに書院生ゆえの大きな特徴がみられた。

ここではその一例を上海交通大学との交流からみてみよう。

前述したように書院は上海交通大学とは特別な関係にあった。書院は徐家匯虹橋路の校舎へ移転した時、その隣接地に南洋公学からスタートした上海交通大学があり、両校の学生にはスポーツやクラブ、書院の仮装行列などを中心に交流があり、さらにリベラルな書院から日本のマルクス研究の成果が交通大学の学生に伝わり、戦局悪化の中で抗日運動や組織づくりやその方法も書院から交通大学の学生に指導があったとされるほどである。

しかし、三七年の第二次上海事変により、書院校舎の中国兵による放火、焼失、交通大学の重慶やフランス租界の移転があり、両校の密月時代は終わった。書院は避難民が逃げ込んだ隣接する交通大学の建物を借用する形で授業を再開したが、戦後、交通大学からは書院による不法占拠だとされ、両校関係はまずくなった。

そんな動きの中、改革開放後、八〇年代から書院卒業生はなつかしさと、その汚名返上もふくめ、交通大学へアプローチするようになった。

前述したように、二〇〇〇年代に入ると霞山会の努力で、東亜同文書院をめぐる共同研究が上海交通大学校史編纂室（葉教授代表）と愛知大学（筆者代表）の記念センターとで始まるが、その中で、交通大学の女性教授毛杏雲氏が中日友好のために奔走した書院卒業生の活躍を、中国側の眼から〇七年、共同研究のシンポジウムで発表している。

東亜同文書院をめぐる日中シンポジウムと発表者。左から武井、今泉、藤田、葉、蘇、毛、盛、欧、孫の各氏

ここでは毛教授の発表に即して書院卒業生が戦後、それも改革開放直後の八〇年代からいかに活躍したかを紹介してみる。

毛教授はその代表的な書院卒業生を六人挙げている。

まず一人目は四十三期の宮家愈氏で、八四年に交通大学のキャンパスに一本の桜の木を贈ったのが始まりで、八五年には日中教育協会を組織して会長になり、日本への留学生や指導者たちを毎年招待し続けたほか、昭和女子大を紹介し、九二年に同大が高層の図書館を寄贈、また三菱自動車との関係も仲介し、交通大学へ自動車学科を新設する功績を果たしたとする。

二人目は四十四期の秋岡家榮氏で、六七年から朝日新聞北京支局長になり、田中角栄首相の日中国交正常化時に重要な役割を演じ、周恩来総理ともたびたび会ったという。退職後も人民日報の日本代理人を務めるなど、日中間の情報交流を促した功績は大きかったと評価された。

三人目は四十四期の倉田彣士氏で神戸学院大学の教授および代表と

して数十回訪中し、交通大学など四大学と交流協定を結び、多くの学生の訪中、中国留学生の受け入れに尽力したほか、中国の法制度についての研究成果も中国で評価されているとされた。

四人目は四十四期の前田清蔵氏で、上海育ちゆえに通訳や案内役として活躍し、なおかつさらに交通大学で中国語の研鑽《けんさん》を積まれたことで評価された。

五人目は四十五期の吉川信夫氏で、八一年に交通大学を訪問する一方、八六年には交通大学から初の訪日団を組織し、その後日中の環境会議を主宰した。また、情報雑誌刊行のため、交通大学と合弁の印刷会社を設立した。しかし直腸がんで亡くなったあと、九八年にその遺志を継いで吉川信夫中日交流教育基金が設けられ、その恩恵が続いていることにも評価された。

六人目が四十六期で、戦後愛知大学の卒業生でもある北川文章氏で、八五年に訪中すると、山一證券副社長の立場から交通大学はじめ中国各地で証券や株式・金融の講義と講演を行い、中国への教化をすすめたほか、前述の日中教育協会の副会長、〇二年には霞山会の理事長に就任し、上海交通大学と愛知大学の研究交流をすすめ、このシンポジウム開催にも至ったことなど高く評価されているとした。

以上、少々長くなったが、中国側からみた書院卒業生の活躍の内容を紹介した。これらは日本側ではあまり知られていないことであり、興味は尽きない。

毛教授は、彼らの共通点として、特殊な環境下で学び、当時の日中関係を肌で感じていること、中国と非常に強い結びつきをもち、中日友好に積極的であること、中国改革開放という絶好のチャンスをうまく友好のために利用したこと、などを挙げている。

戦時下で十分に中国を極めきれなかった書院の卒業生が、このような形でなお日中間に架橋しつづけたことは、この六人に限らないが、十分特筆されてよいだろう。

第九章

愛知大学誕生へ

一　中国を愛する学府再建を

終戦の一九四五（昭和二十）年と翌年、上海の東亜同文書院大学は閉学すると同時に再建に向け劇的な展開をみせた。まず四五年入学の四十六期生のうち日本からの入学生は上海へ渡航できず、富山市西郊の呉羽紡績（当時は呉羽航空機会社）社長伊藤忠兵衛氏と書院卒の副社長功刀《くぬぎ》寅次氏の厚意により、工場の一角を借り、書院の呉羽分校として利用することになった。そのため、開校予定は七月二十五日に延期された。

分校長は漢文の予科教授斎伯守《さえきまもる》。予科と専門部を中心に学生計三百人が入学した。教員は、坂本一郎（中国語）、太田英一（経済原論）、一円一億（法学政治学）、神谷龍男（国際法）、山口左熊（中国語）、若江得行（英語）、池上貞一（中国語）など十三人。事務局員は三人であった。

しかし、当初、上海の書院からは二十五人ほどの本格的な内地派遣が予定されていた。このことから書院大学本間喜一学長は、敗戦になれば書院は中国から退去せざるを得ず、呉羽か国内の他の場所に移転することを考えていたと思われる。その動きを察知した上海の日本人居留民団と軍部が派遣に反対し、数が半減された。

富山県の呉羽分校

　こうして呉羽分校はスタートし、学生は学業と勤労動員の日々を送り始めた。その直後の八月二日未明、富山市街地はB29型米軍機の空襲を受け、ほぼ全焼。死者三千人弱、負傷者約八千人の大惨事となった。書院生はすぐ救援隊を組織し、トラックで向かった。その時の様子を井上方弘《まさひろ》氏（四十六期、富山県在住）は「神通川の河原には焼け焦げた死体が累々と…赤く焼けた赤ちゃんを背負い泣き乍《なが》ら歩き回っている母親…地獄絵としか云《い》ひ様がない。屍体《したい》処理、焼跡《やけあと》整理、食糧配給の救援を行った…」とし、大和百貨店と北陸電力本社ビルだけがポツンと残っていたとも記している。

こうして終戦とともに呉羽分校は閉学した。教職員はいったん帰郷したが、分校長らは、東亜同文会の近衛文麿会長と外務大臣へ分校存続を嘆願した。その覚書には存続の意義を「…本学本来の使命が日華輯協に在り中国事情に対する不偏の理解研究にありたるは本院卒業生に知己を有する中国人の進んで認むる所なるべし。…日本帝国主義の大陸進出に人材を供給したる非難に至りては、寧《むし》ろ内地大学にその鋒《ほこさき》を向くべきなり。中国を愛する者中国を知る者として本邦に於《お》ける対華与論の啓蒙《けいもう》是正に重大なる役割を果し来たりたる評論家などの殆《ほと》んど全部が書院出身者なること…」と説き、最高学府としての書院の使命・意義と独自性を主張している。

これを受け吉田茂外相は存続を認可し、この年の十月十五日に再度開校式を行い、百五十八人が入学、なんと書院はここに再生したのである。しかし、近衛文麿が会長を務めていた経営母体の東亜同文会がGHQによって閉鎖され、一カ月後に再び書院は閉学したが、この一時的再生が新たな展開を可能にした。

二　学籍簿など持ち帰る

終戦前後の上海の東亜同文書院大学はどのような状況だっただろう。

本間喜一学長が一九四五（昭和二十）年末に東亜同文会へ送ったとみられる報告によると、「戦局の進展に従い我軍は上海死守を呼号し、兵力を集中し…在郷軍人以外の男女邦人をも保衛隊に編入、軍の統制下に置き、其《そ》の竹槍《たけやり》式武装は戦局の末期的症状を示したり…」と記して敗戦を予測している。だからこそ呉羽分校への移転も考慮したと思われる。

報告はさらに書院の校舎は各部隊の貨物や通過部隊の兵舎となり、師団や旅団の司令部も置かれ、大学は一部機能を残して軍に徴用されたこと、本間学長が女性や子ども、家族の帰国をすすめたが、のちに非国民扱いされ、容易でなくなったことなどを伝えている。

一方、生活物資も一年に二十倍も高騰し、書院への送金も断たれたため、預金を引き出し、また隣の旧書院の樹木、壁、レンガを処分して食糧や他の物資購入に充てている。さらに旧校舎跡地も切り売りして金の延べ棒に換えたり、代用燃料の購入など素早い対応を行い、終戦以降続々と帰還する学生や教職員の生活費や給料に充当させた。

本間学長の行動力は、持ち前のすぐれた先読みの能力と第一次大戦後に留学したドイツで経験した猛烈なインフレの記憶が背景にあった。金の延べ棒は中国人に預けるなど、本間学長と中国人との厚い信頼関係について、娘の殿岡晟子《あきこ》氏が語っている。

ところで本間学長は四〇年に書院大学の予科長として東京商大から

※ **高垣寅次郎**
一八九〇〜一九八五。広島県出身。東京高等商業学校卒で同校教授。経済学、金融論で高い研究業績をあげた。

赴任した。東京商大では学位論文評価をめぐる有名な白票事件で学問研究派として知られる高垣寅次郎らとともに辞任し、文部省の紹介で着任した。そして高垣ら著名な研究者を次々に招いて良質な授業を行い、書院生の学識を高めた。

しかし、文部省の意向に反して矢田七太郎学長がその地位に固執したため、本間は上海を去り、北京へ着くと、学生たちが追いかけてきて、書院へ戻ってほしいという嘆願書を渡した。そこには多くの学生が血判を押しており、本間は書院へ戻るというハプニングがあった。本間が書院生からいかに信頼され期待されていたかの証しである。

そして、学徒出陣など戦時下の圧力が強まる四四年、学長に就任した。それは閉学処理の大事業を行う役割をも意味した。

東亜同文書院大学時代の本間喜一（右）と高垣寅次郎

その大役は本間以外では果たせなかったと思われる。

終戦直後、短期間に東亜同文書院大学財産目録を作成して中国政府へ渡し、学業中途で戦場へ送った学生たちの後継大学構想も練った。そして帰国時、学籍簿と成績簿を関係者のバッグに忍ばせて上海から持ち帰ったのは東亜同文書院大学だけであった。

2・4代学長　本間喜一

3代学長　小岩井　浄

※　小岩井浄
一八九七〜一九五九。長野県出身。一九二二年東大法

三　GHQ接収前夜の機転

上海で東亜同文書院大学の閉校を迅速に処理した本間喜一学長に、同窓会は同大学の再建を要望、本間自身も学業半ばで戦地へ送った学生たちの復学を考えていた。そのため斎伯守呉羽分校長に対して学舎の適地を求めるよう連絡をしている。しかし、経営母体の東亜同文会は解散し、一九四六（昭和二十一）年三月に帰国した本間は小岩井浄や神谷龍男、木田弥三旺などの教授たちと自力再建に向けて動き始め

学部卒業後。弁護士になり、農民運動や関西の労働運動をサポートした。のち上海で本間の誘いで書院の教員となる。戦後、本間を支え愛知大学設立。第三代目学長。

た。

そんな中、愛知県高浜市出身の神谷教授は同県豊橋市の旧陸軍予備士官学校が空襲にも遭わず残っていることを知り、名古屋財務局（現・東海財務局）と交渉し借用する話が決まった。一方、受け入れ先の横田忍豊橋市長は本間に

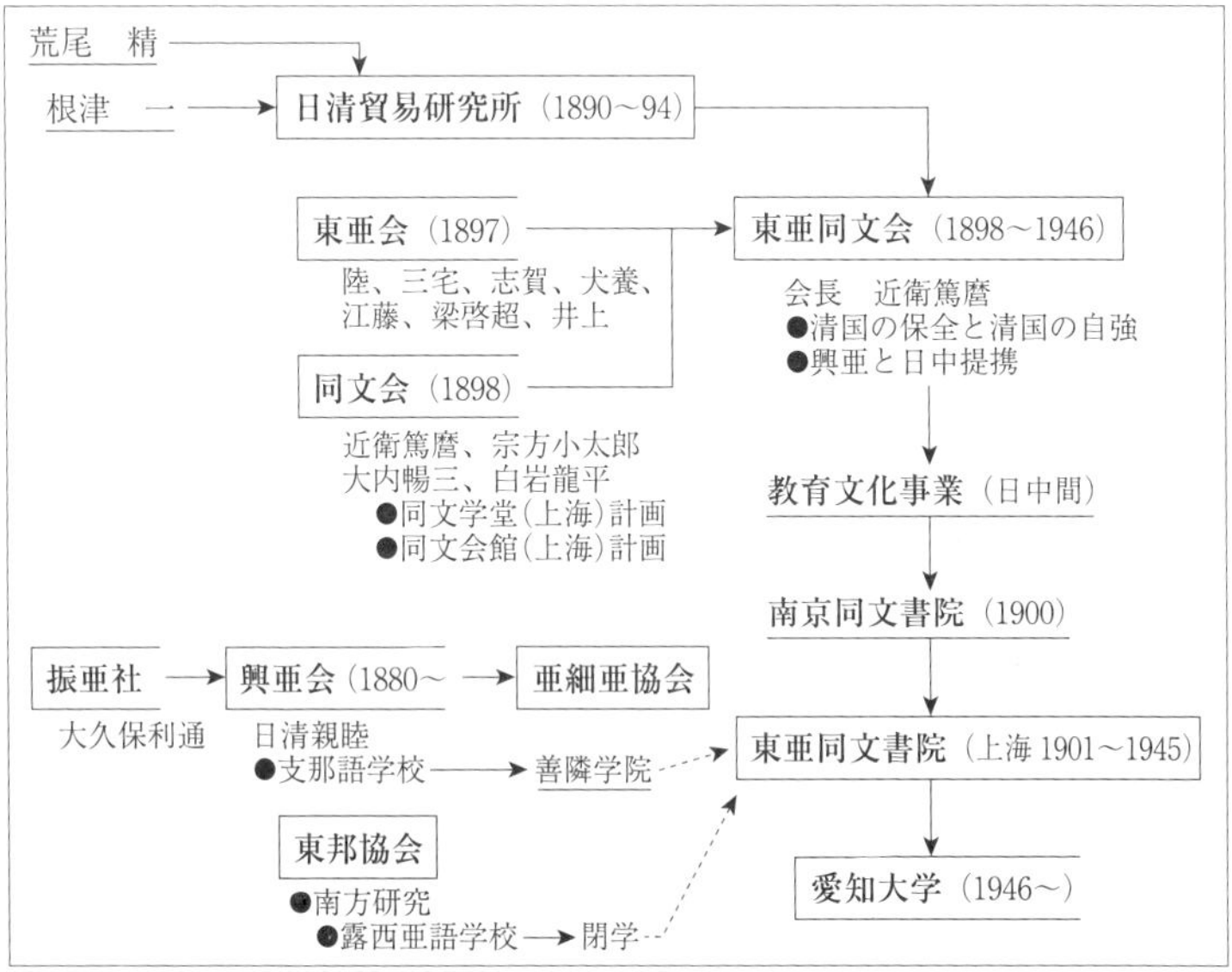

荒尾、根津、近衛から東亜同文会、東亜同文書院そして愛知大学への系譜

※　ＧＨＱ

連合国軍総司令部。敗戦後の日本でポツダム宣言の執行管理のために東京に置かれた機関。一九五一年までマッカーサー元帥が最高指令官となり、憲法制定、軍隊解体、財閥解体、農地改革など日本の民主化をすすめた。

全面的協力を伝え、「周辺は甘藷《かんしょ》の産地で食糧は問題ない。三河人の気概をもって協力、応援する」と歓迎した。

しかし、連合国軍総司令部（ＧＨＱ）から書院は旧軍部のスパイ学校とみられたため、東亜同文書院大学の校名は使えず、「知を愛す」という意味の「愛知大学」とした。本間はこのような経緯から、愛知大学は東亜同文書院大学の再生ではなく新生大学だと吹聴せざるを得なかった。

ほかにも頭の痛い問題があった。教職員の上海からの引き揚げと、新生大学として所蔵すべき図書の問題である。このうち図書については、戦後すぐＧＨＱが東亜同文会の建物を接収することになったことを聞いた呉羽分校の神谷教授らが東京に急行。接収前夜に中国関係図

本館前での卒業記念写真（旧制 1951 年卒）
＝愛知県豊橋市

書や大調査旅行報告書など約四万点を同会理事の牧田武邸にトラックで運び保管した。この四万冊と全国の古書店から買い集めた一万冊を加え大学開設時の蔵書となった。

もし、この機転がなければ書院教育の成果である蔵書はアメリカで死蔵され、愛知大学も誕生しなかったであろう。新生大学の教員は分校教員に加え、小岩井浄、鈴木擇郎、津之地直一、三好四郎、桑島信一、木田弥三旺、金丸一夫が加わった。それ以降はＧＨＱが書院からの教員採用を認めず、併せて文部省が外地引き揚げ教員と学生受け入れを指導したため、大内武次、秋葉隆ほか京城帝大や台北帝大の多くの教員も就任した。

こうして終戦翌年の十一月十五日には早々と愛知大学（旧制）は認可され、翌年一月から学生が入学した。書院からは四七年から五〇年の旧制学部に百三十八人、旧制予科に百六十六人が入学。学徒動員などで勉学ができず、学問に飢えた多くの学生たちは、中国や台湾の大

※　**大内武次**
?～一九四六。京城帝国大学教授、統計学、経済地理学。愛知大学着任が決まり、予科長就任直前に亡くなる。

※　**秋葉　隆**
一八八八～一九五四。東大社会学科卒。のち京城帝国大学教授。社会学。英仏へ

留学し文化人類学を習ぶ。愛知大学文学部に社会学科を創設、また綜合郷土研究所も立ち上げた。

※　林　毅陸

一八七二〜一九五〇。佐賀県出身。慶応義塾大卒。ヨーロッパに留学。慶応義塾大学塾長になる。法学、政治学。東亜同文会理事。愛知大学初代学長。

初代学長　林　毅陸

学、高専など八十校あまりの出身で、愛知大学は文字通り全東アジア大学の様相を呈した。予科には医学進学コースも置かれ、愛知大学出身の医師も誕生するなど異色であった。

　学徒出陣の責任を感じた本間は、初代学長に慶応義塾塾長であった林毅陸《きろく》を招き、自分の土地を処分して金策に走った。

四　中日大辞典を編纂

　誕生した愛知大学の設立趣意書は、新たな時代に向け、世界文化と平和への貢献をめざし、「国際人の養成」と「地域社会への貢献」を掲げた。敗戦直後の日本は国際社会から孤立し、地域社会は疲弊していた。そんな時代にあって設立趣意書の内容はきわめて先駆的、画期的であった。

「国際人の養成」は、中国・上海にあって国際感覚を重視した東亜同文書院の魂が発現したもので、国際問題研究所がすぐ設立された。この研究所は書院時代の支那研究部の継続発展をめざしたものであったが、GHQが書院時代の名称を認めずこの名称に改めざるを得なかった経緯もあった。一方、後者は大学の所在地をそれまでの六大都市でなく地方都市に初めて立地したことで、地域とのつながりを強調し、綜合郷土研究所とさらに中部地方産業研究所が新たに設けられた。

『中日大辞典』の編集会議。右から2人目が鈴木擇郎氏。左端が今泉潤太郎氏

そして書院の事業を継承したのが中日大辞典の編集であった。書院では徹底的な中国語教育が行われ、やがて自前の中国語習得用教科書『華語萃編《かごすいへん》』が初の本格的な教科書として作成され、名文、実用文を内容とした第一集から始まり、一九三三（昭和八）年刊の第四集で完結した。

当時、中国語は地方語で構成され、地域

が異なれば言葉は通じず、標準化された漢字による筆談が多かった。そんな中で上層部に北京官話が広がったが、文法は未整備で発音記号も日本語の片仮名を使った中華民国時代の注音字母が用いられ始めた。

『華語萃編』は北京官話を主にした丸暗記用のテキストで、日本語にはない発音が多く、上級生が下級生に口伝えで教えた。その発音練習がカラスの鳴き声のように響き、「カラス学校」といわれ、この伝統は愛知大学でも継承された。

こうして中国語教育は書院独自の方式で発展していった。しかし、学習用の良質な華日辞典がなく、三三年ごろ、書院教員による華語研究会が華日辞典を編集することになり、鈴木择郎、熊野正平、野崎駿平、坂本一郎ら各氏が作業をすすめた。粗資料カード十四万枚、語彙《ごい》が七、八万語に達したところで敗戦を迎え、これらは中華民国に接収され、その後中華人民共和国へ引き継がれた。

戦後の五三年、愛知大学二代目学長となった本間喜一は、内山完造日中友好協会理事長を通して、郭沫若中国科学院長にカードの返還を願いでた。その願いがかない、翌年、引揚船興安丸によって日中友好協会へ届けられ、愛知大学で辞典の編集を継続できることになった。返還の決定には知日家の周恩来首相の意向があったとされ、日中国交正常化後、愛知大学は同首相の出身大学、南開大学（天津）そして北京第二語言大学と初の大学間学術・教育交流協定を結んだ。

こうして学内に鈴木教授を中心に中日大辞典編纂《へんさん》所が設けられ、若手の今泉潤太郎氏や日中の研究者も加わって本格化した。戦後、中国新政府による簡体字化や発音用ピンインの導入があり、再構成だけでも大変だったという。それに出版費用の確保も大変であったが、本間学長の指導力で乗り切り、六八年に第一版、その後、今泉教授を軸に第二版、そして二〇一〇年第三版が完成した。第一版は中国に大量に寄贈され、愛知大学は中国で最も有名な日本の大学になった。

※　**郭沫若**
一八九二～一九七八。一九一四年に日本へ留学。九州大学医学部を卒業。文学に関心をもつ。蔣介石と別れ、中国共産党へ。中国科学院院長のほか、文化芸術分野に貢献した。

※　**周恩来**
一八九八～一九七六。天津南開中学卒で日本へ留学。明治大学政治経済科で学んだ知日家。帰国後南開大学文学部に入り、折からの五・四運動の中、学生運動のリーダーとなる。その後、日中戦争や国共内戦を経て、中華人民共和国の外交部門を担当。謙虚な姿勢が国民の人気を得た。

第十章

未来への飛躍

一　グローバルな視点

二〇一一年は愛知大学の創立六十五周年で、書院創立から百十年、日清貿易研究所開設から約百二十年になる。すでに戦後の愛知大学だけの歴史で、書院四十五年の歴史を上回るに至っている。

一九四六（昭和二十一）年に旧制大学で開学した愛知大学は中部地方で初の法文系大学となった。四九年の新制大学への移行時には、書院を引き継ぐ法経学部のほか、京城と台北の両帝大から引き揚げ、愛知大学に着任した教員を中心に旧帝大の講座制で文学部が新設され、日本初の社会学科や、哲学、史学、文学の四学科十二専攻へと学問領域を広げた。このうち東洋哲学、東洋史、中国文学の各専攻は東アジアへの広い視点を置いた先駆的なカリキュラムであったし、社会学の秋葉隆教授ら引揚教員の研究は日本から東アジアへ広い視点で展開され、今日からみてもきわめて先駆的であった。

一方、法経学部は書院の伝統をふまえ、中国の法政や経済、経営の各コースが設けられ、多面的な中国研究がさらにすすめられ、国際問題研究所もその中核となった。

　そののち、本間学長の構想はふくらみ、地元資源を活用した農学部や水産学部、国立豊橋病院と提携した医学部、工学部設置をめざし、附属高校設置は実現寸前まですすんでいたと、学長の娘である殿岡晟子氏は語っている。書院に設けられた農工科がその背景にあったように思われる。

　しかし、六三年、豪雪の中、薬師岳で山岳部が遭難し、生きて帰って来たら全員丸刈りにする、と言っていた本間学長は全員亡くなった報に

ＪＲ名古屋駅近くの、ささしまライブ24地区に建設中の愛知大の新キャンパス完成イメージ

※　**山岳部遭難**
一九六三年一月。山岳部十三人が遭難という山岳史上の大きな惨事となった。この冬は三八豪雪の大雪が続

き、一、二年生中心の隊はルートを見失い遭難。本間学長は「大学より命が重い」と述べ、全国から多くの義援金が届く。この事故を契機に富山県で全国初の山岳救助隊が発足した。

学長を辞任、大きな構想も日の目を見なかった。

なお、この時、学生を捜索中、学長が「大学よりも命が重い」という主旨の発言が全国に知られ、多くの義援金が全国から寄せられた。

また、本間学長時代に生じた警察官の愛知大学キャンパスへの不法侵入に対する学生の対応をめぐるいわゆる愛大事件にも、本間学長は学長辞任後も学生の弁護を続け、無罪判決を得ている。

いずれも本間学長の機転と先見性が光っていた出来事であった。

ところで東西冷戦以降も中国研究はすすめられ、そのような多面的な中国研究を独立大学院に集約して日本初の中国研究科を創設する構想が牧野由朗学長下で生まれた。そして同じく横断的領域を集約する新しい文学研究科の創設とともに筆者がそれら二研究科新設の設置準備委員長となり、約六年間文部省と交渉し博士課程が認可設置まで担当した。一国を対象とした研究科は前例がないという文部省側の厚い壁の態度に、「中国学」の確立と存在を主張し、二年間の議論ののち九一年に認可された。その背景には本学を生んだ書院の歴史と存在があり、厚い壁を崩したようにも思われた。

そして九七年、さらに日本初の現代中国学部が新設され、書院にならい、現地での中国語教育を南開大学に建設した愛大会館を利用して行い、現地調査プログラムも開発し実践されている。

また、文部科学省の21世紀COEプログラムに採択された国際中国学研究センター（ICCS）が加々美光行教授を中心に発足し、多様な活動が展開した。さらに博士課程では南開大学と中国人民大学との間でテレビ授業も導入し、それぞれ二重学位取得制度を設け、愛知大学での博士の学位が中国の両大学生にも与えられるようになった。

ところで愛知大学は戦後まもない五一年、豊橋と車道（名古屋市）の両校舎に短大と夜間部を開設し、多くの勤労青年に勉学の機会を与え、沢山の卒業生を愛知県や名古屋市などの地方行政機関や法曹界、民間企業に送り出した。のち昼間部も開校し、さらに整備のため八八年、愛知県三好町（現みよし市）に名古屋校舎を開設し、法、経営、それに現代中国の各学部が置かれた。一方、本部のある豊橋校舎には経済と文学の二学部と短大、新設の国際コミュニケーション学部があり、三キャンパス体制を敷いた。

そして二〇一二年四月、JR名古屋駅に南接する「ささしまライブ24地区」に、法、経済、経営、現代中国、国際コミュニケーションの五学部を結集した新名古屋キャンパスがオープンした。新キャンパスでも東アジアや欧米を視野に、かつて書院とその卒業生がめざしたグローバルな教育を実践していくことが期待される。

二　壁崩壊後の劇的変化

一九八九（平成元）年、東西ドイツを分断していたベルリンの壁が崩壊し、二年後にソビエト連邦は解体された。それらは戦後の東西冷戦を支えた思想的根拠である社会主義イデオロギーの基盤を崩すことになり、日本でも政治的、学問的イデオロギーに影響があらわれ、筆者の周囲にも劇的な変化が訪れた。

筆者はそれ以前から東亜同文書院の大調査旅行記録の研究や復刻をすすめていたが、学内外を問わず、書院研究を評価する人はほとんどいなかった。戦時下の書院をスパイ学校だとする風潮は研究者の間でも観念的に共有され、その実態を正しく知ろうとする研究者はごく少数だったからである。書院研究についてはベルリンの壁に匹敵するイデオロギーの壁があった。

それが壁崩壊以降、筆者の研究により、メディアが書院生の大規模で詳細な調査旅行に驚き、書院自体に関心をもつようになった。また中国も経済の改革開放が目に見えるようになっていた。有力新聞やテレビが集中的に書院を取り上げ、学外で関心が高まり、書院生も口を開き始めた。

※　霞山会
戦前の東亜同文書院の経営母体であった東亜同文会が戦後ＧＨＱによって閉鎖されたあとそれを継承し、中国、アジアとの教育文化交流をめざして再生した民間機関。現在中国語教育などの東亜学院や留学生、学術交流など多岐にわたる活動をしている。

同時に八〇年代後半から同窓会である滬友《こゆう》会は書院卒業生の高齢化がすすむ中、その志を生かすための基金づくり運動を始め、一億円余りに達した。それに東亜同文会を継承した霞山《かざん》会と愛知大学が寄付を加え、九一年に東亜同文書院記念基金会が発足し、顕彰事業を始めた。一方、愛知大学には九三年に愛知大学東亜同文書院大学記念センターができ、のちに基金会の受け皿にもなった。

愛知大学東亜同文書院大学記念センターの展示室

また、孫文の秘書役であった山田純三郎の手元に集まった日本最大の孫文関係史料は書院卒の息子の山田順造氏が孫文博物館構想を病気で断念し、愛知大学の記念センターへ一括寄贈した。センターでは今泉潤太郎センター長のもとで整理がすすみ、九八年、豊橋校舎旧本館に展示施設が完成した。

その後、筆者がセンター長となり、二〇〇六年には文部科学省のオープン・リサーチ・センター・プロジェクトに認定され、書院史、孫文と山田兄弟、愛知大学史（本間学長記念室も）の展示を整備、充実させた。シンポジウムや講演会を開き、膨大な史料の整理とデータベース化などもすすめた。

書院と愛知大学を広く知ってもらうために、関係地の横浜、東京、福岡、弘前、神戸、京都、米沢、名古屋そしてシカゴでも展示・講演会を開催。遺族も書院生の遺品を持参するなど大きな反響があった。とくに初回の横浜では図書展示の中核に据えら

横浜展示会での展示ブース

れ、二万五千人もの来場者があった。

豊橋校舎の記念センターは、現在、馬場毅教授がセンター長を継承。中国や台湾、欧米の研究者、学生、修学旅行生が訪れ、日英中の三カ国語の音声ガイドも備えている。(開館は火―土曜の午前十時~午後四時。無料。電話は0532・47・4139)

三　コスモポリタン

以上、十九世紀末から二十世紀前半にかけて日中両国を懸けた東亜同文書院にかかわる群像を描き、書院を継承した愛知大学にもふれた。歴史をふり返ると、群像はあまりにも多様で十分に言及できたとはいえない思いが残る。

書院とその前史の日清貿易研究所は激動する世界情勢の中で揺れ動きながらも、その目標は大きくブレなかったといえる。近代日中関係史の中で書院とそこから輩出された人材の果たした役割と成果は今後さらに研究をすすめるべき課題である。それは戦後、中国などから引き揚げてきた彼らは日本の戦争責任とともにイデオロギー的に封じ込められた感が強く、依然、その多くがまだ闇の中にとどまったままだからである。

書院開学の構想は荒尾精や近衛篤麿、根津一の三人によって着想、実現された。いずれも二十代後半の若者たちの壮大な夢と、その後の実践によるものであった点は特筆される。うち荒尾と近衛は早世したが、根津は構想をより具体的に発展させ、自らの人生を全うした。そのため書院の精神はブレなかったのである。

中国という異国に学校をつくり、そ

東亜同文書院の記念展示室がある
愛知大学記念館＝愛知県豊橋市

の国と貿易をするためのビジネスを教え、徹底した語学習得と現地踏査を重ね、実際の商習慣を体得させるという教育は他に類をみない。これも若く自由な彼らの発想によるものと思われる。愛知大学東亜同文書院大学記念センターが欧米研究者を招いて開いたシンポジウムで、彼らは当時の欧米列強にとって書院の誕生は脅威の的だったと述べている。

筆者らが愛知大学の国際中国学研究センター（ＩＣＣＳ）と欧州のオックスフォード、ケンブリッジ、ウィーン、ハイデルブルク、ライデン、ロンドン、パリ高等科学院など十指の著名大学との交流協定に出向いた時、彼らは東亜同文書院と聞くや大歓迎であったが、愛知大学は知らなかった。しかし、研究室の棚に配架されている『中日大辞典』を示すと、すぐに書院との関係を理解してくれた。アメリカの著名な各大学でも同様だったというから書院はかつて列強に強烈な衝撃を与え、今日なおグローバルな存在であることがこの一事でもわかる。

卒業生の実力も評価された。上海という国際都市と中国大陸でコスモポリタンとして育ったからだ。多くの卒業生と面接し、彼らが催す多くの会にも出席した筆者の経験からいえば、彼らは激論のあともスカッとしてお互いを尊敬しあえる。これが世界で通用するコスモポリタンとしての書院生気質なのである。

それだけに書院がスパイ学校と呼ばれた戦後は無念だったに違いない。反論せず口を閉ざしたのも彼らの知恵であった。そんな偏見を最初に正そうとしたのが近代史研究者の栗田尚弥氏で、書院を評価した点は卓見であった。

現在の日本は政治のブレや、稚拙な外交に批判が及ぶことが多く、あらためて多くの国際人を生み育てた書院の今日的意義がクローズアップされてくる。

（完）

参考・関連文献

○日清貿易研究所編輯（一八九二）『清国通商綜覧』全三巻、丸善商社書店、一〇六〇、六六五、六〇、一五頁

○根岸佶編（一九〇七～一九〇八）『支那経済全書』全一二巻、東亜同文会

○松岡恭一、山口昇編（ともに清国上海東亜同文書院）（一九〇八）『日清貿易研究所、東亜同文書院沿革史』東亜同文書院学友会、一六七＋六四頁

○東亜同文会（各年次）『東亜同文会事業報告書』東亜同文会、各年次一〇〇～二〇〇頁

○東亜同文会（一八九八～一八九九）『東亜時論』東亜同文会（東京、ゆまに書房から復刻、二〇一二）

○東亜同文会調査編纂部（一九〇〇～一九一〇）『東亜同文会報告』東亜同文会（東京、ゆまに書房から復刻中）

○上海東亜同文書院（一九三〇）『創立三十週年記念―東亜同文書院誌』東亜同文書院。一一六頁

○大学史編纂委員会編（一九八二）『東亜同文書院大学史―創立八十周年記念誌―』滬友会。七七五頁
○東亜同文会（一九三六）『対支回顧録（下）』東亜同文会。原書房の復刻版あり。一五二〇頁
○東亜同文会（一九四一）『続対支回顧録（下）』東亜同文会。原書房の復刻版あり。一三一六頁。
○東亜同文会（一九一七〜一九二〇）『支那省別全誌』全一八巻、東亜同文会
○東亜同文会（一九四一〜一九四四）『新修支那省別全誌』全九巻で中止、東亜同文会
○東亜文化研究所編（一九八八）『東亜同文会史、明治、大正編』霞山会
○霞山会五〇年史編纂委員会（一九九八）『霞山会五〇年史―財団法人霞山会創立五〇周年記念出版―』霞山会、近衛通隆。二五五頁
○霞山会（一九九八）『東亜同文会史論考　財団法人霞山会創立五〇周年記念出版』霞山会、三六一頁
○滬友会（一九五五）『東亜同文書院大学史』滬友会、三三八頁
○霞山会（二〇〇三）『東亜同文会史・昭和編』霞山会、一二七二頁
○愛知大学五十年史編纂委員会（二〇〇〇）『愛知大学五十年史、通史編』愛知大学、九六六頁

○愛知大学山岳部薬師岳遭難誌編集委員会（一九六八）『薬師』愛知大学、二四七頁
○愛知大学五〇年史編纂委員会（一九九八）『大陸に生きて』風媒社、二五六頁
○愛知大学小史編集会議編（二〇〇六）『愛知大学小史―六〇年の歩み―』梓出版社、二三一頁
○加藤勝美（二〇一一）『愛知大学を創った男たち―本間喜一、小岩井浄とその時代―』愛知大学、五二八頁
○愛知大学東亜同文書院大学記念センター（二〇〇七）『愛知大学創成期の群像』（写真集）、あるむ、五三頁
○愛知大学東亜同文書院大学記念センター（二〇〇三）『愛知大学東亜同文書院大学記念センター―収蔵資料図録―』同記念センター、五九頁
○愛知大学東亜同文書院大学記念センター（二〇〇八）『東亜同文書院から愛知大学への歩み』（DVD）同記念センター
○越知専（二〇〇九）『本間イズムと愛知大学―実例編、その真髄を実話から学ぶ』、愛知大学東亜同文書院大学記念センター、六〇頁
○越知専（二〇〇九）『本間イズムと愛知大学―資料編、その真髄を国会証言から学ぶ―』愛知

大学東亜同文書院大学記念センター、三九頁

○交通大学校史編（一九八六）『交通大学校史―一八九六～一九四九―』上海教育出版社、五三六頁

○草地保ら七人編（一九八九）『岸田吟香伝』岡山県旭町教育委員会、七〇頁。（杉山栄『先駆者岸田吟香』〈大空社より復刻〉からのダイジェスト版）

○井上雅二（一九一〇）『巨人荒尾精』左久良書房。三五八頁。村上武による復刻増補版（東光書院出版部および大空社から復刻）あり。

○東亜同文書院滬友会同窓会編（一九三〇）『山洲根津先生傳』四九〇頁（大空社から復刻）

○近衛篤麿日記刊行会編（一九六八）『近衛篤麿日記、第二巻』鹿島研究所出版会、五三七頁

○山本茂樹（二〇〇一）『近衛篤麿―その明治国家観とアジア観―』ミネルヴァ書房。三一〇＋七頁

○林出翁をしのぶ会（一九七三）『東方君子』林出翁をしのぶ会、一九五頁

○笹森儀助書簡集編纂委員会（二〇〇八）『笹森儀助書簡集』東奥日報社。三七二＋三二頁

○波多野養作、皆川初子編（一九八五）『シルクロード明治一人旅―日露戦争末期に外務省の委

託により奥地視察した―日本青年の記録―』新樹会・創造出版、三三九頁
○中村義（一九九九）『白岩龍平日記―アジア主義実業家の生涯―』研文出版、六九七＋三〇頁
○宮崎滔天著、島田虔次・近藤秀樹校注（一九九三）『三十三年の夢』、岩波書店、五〇〇＋七頁
○石射猪太郎（一九八六）『外交官の一生』中央公論新社、五二一頁
○中山優（一九七二）『中山優選集』中山優選集刊行委員会、四三〇頁
○根岸佶（一九五三）『中国のギルド』日本評論新社、四八八頁（大空社から復刻）
○根岸佶（一九三二）『支那ギルドの研究』斯文書院、四四二＋二二頁
○G・Nスタイガー著、藤岡喜久男訳（一九六七）『義和団―中国とヨーロッパ―』二五八頁、桃源社
○渡辺龍策（一九六七）『大陸浪人―明治ロマンチシズムの栄光と挫折―』番町書房、二六五頁
○梨本祐平（一九七四）『辛亥革命』雄山閣出版株式会社、二六一頁
○サンケイ新聞社（一九七五）『悲劇の中国大陸―蒋介石秘録1』サンケイ新聞社、二五五頁
○藤井昇三（一九六六）『孫文の研究―とくに民族主義理論の発展を中心として―』勁草書房、二九三＋九頁

○結束博治（一九九二）『醇なる日本人―孫文革命と山田良政・純三郎』プレジデント社、三三一頁

○栗田尚弥（一九九三）『上海東亜同文書院―日中を架けんとした男たち―』新人物往来社、二九九頁

○小坂文乃（二〇〇九）『革命をプロデュースした日本人』講談社、二七六頁

○武井義和（二〇一一）『孫文を支えた日本人―山田良政・純三郎兄弟―』（写真集）。あるむ

愛知大学東亜同文書院大学記念センター、ブックレット。六八頁

なお、右の記念センターには他にも関連ブックレットがある。

○愛知大学東亜同文書院記念センター（二〇〇六〜二〇一〇）『オープン・リサーチ・センター年報』第一〜五号にも多くの関連論文、報告が収録。また同センター刊『愛知大学史研究』第一〜三号にも愛知大学史関係の論文、報告が収録されている。

○山本隆（一九七七）『東亜同文書院生』河出書房新社、二七〇頁

○大城立裕（一九八三）『朝、上海に立ちつくす、小説東亜同文書院』講談社、二六一頁

○西所正道（二〇〇一）『「上海東亜同文書院」風雲録、日中共存を追い続けた五〇〇〇人のエリー

トたち』角川書店、三二三頁
○滬友編集委員会編（一九九一）『東亜同文書院学生大陸大旅行秘話』滬友会、四九八頁
○滬友会監修（一九九一）『上海東亜同文書院大旅行記録、実録中国踏査記』新人物往来社、三五五頁
○藤田佳久（一九九三）「「幻」ではない東亜同文書院と東亜同文書院大学」、『東亜同文書院大学と愛知大学―一九四〇年代・学生たちの青春群像―』所収、第一輯、六甲出版
○藤田佳久（一九九四）『中国との出会い―東亜同文書院中国調査旅行記録、第一巻』大明堂、二八四頁
○藤田佳久（一九九五）『中国を歩く―東亜同文書院中国調査旅行記録、第二巻』大明堂、八四七頁
○藤田佳久（一九九八）『中国を越えて―東亜同文書院中国調査旅行記録、第三巻』大明堂、六八九頁
○藤田佳久（二〇〇二）『中国を記録する―東亜同文書院中国調査旅行記録、第四巻』大明堂、五八〇頁

○藤田佳久（二〇一一）『満州を駆ける—東亜同文書院中国調査旅行記録、第五巻』不二出版、六〇七頁
○藤田佳久（二〇〇〇）『東亜同文書院中国大調査旅行の研究』大明堂、三四九頁
○藤田佳久（二〇〇七）『東亜同文書院生が記録した近代中国』あるむ、六一一頁
○藤田佳久（二〇一一）『東亜同文書院生が記録した近代中国の地域像』ナカニシヤ出版、三三〇頁

（終）

年表

年	本文にかかわる東亜同文書院関係事項	それ以外の関係事項
一八五九	荒尾精生まれる（尾張）	
一八六〇	根津一生まれる（甲州）	
一八六一	牧野顕伸生まれる（薩摩）	
一八六三	近衛篤麿生まれる（京都）	（清）米、英上海に共同租界
一八六八（明治元年）	山田良政生まれる（津軽）	（日本）王政復古、東京へ遷都
一八七〇	白岩龍平生まれる（美作、岡山）	
一八七四	根岸佶生まれる（和歌山）	（一八七五、清）光緒帝即位
一八七六	山田純三郎生まれる（津軽、青森）	
一八七八	根津一陸軍教導団へ入る。そのあと首席で卒業	
一八七九	根津一陸軍士官学校へ入学	
一八八〇	岸田吟香「楽善堂」を上海へ開設	
一八八四	近衛篤麿公爵になる	
一八八五	近衛篤麿オーストリア、ドイツへ留学（〜九〇）	
	根津一陸軍大学校入学	
一八八六	荒尾精、初の清国へ。そして「漢口楽善堂」を開設	
一八八九	荒尾精帰国	（日本）大日本帝国憲法発布

一八九〇	日清貿易研究所開設（上海南京路）	（清）上海初の邦字紙「上海日報」創刊
一八九二	『清国通商綜覧』全三巻刊行	
一八九四	日清戦争始まる 日清貿易研究所解散	（日本）東学党の乱で朝鮮へ出兵
一八九五	根津一京都で隠棲始める	
一八九六	上海で盛宣懐が南洋公学（のちの上海交通大学）を開学 荒尾精が台北で客死	（清）日清通商航海条約締結
一八九七	東亜会結成	
一八九八	同文会結成、のち東亜会と合併して東亜同文会設立 『東亜時論』第一号刊行	（清）康有為、梁啓超日本へ亡命
一八九九	近衛篤麿南京開校のため劉坤一総督を訪ねる 東京同文書院開設 山田良政、東京で孫文と会う	
一九〇〇	近衛篤麿ら南京同文書院学生募集に各府県遊説 根津一、近衛から呼び出される 亜細亜協会、東亜同文会に併合 南京同文書院開設、しかし義和団の乱で上海へ移転	（清）義和団北京へ。列強出兵 （清）孫文、日本へ亡命
一九〇一	東亜同文書院が上海に開設。根津一院長	
一九〇二	杉浦重剛院長となる 日英同盟締結	

年	本文にかかわる東亜同文書院関係事項	それ以外の関係事項
一九〇三	再び根津一院長となる	（清）黄興らが華興会、長沙
一九〇四	近衛篤麿死去 対露宣戦布告	
一九〇五	山田純三郎、日露戦争の郷土部隊への通訳 書院二期卒業生五人、西域調査へ出発 孫文、東京で中国革命同盟会結成	（日本）日露ポーツマス講和条約締結
一九〇六	南満州鉄道創立、後藤新平初代総裁	
一九〇七	東亜同文会会長に鍋島副会長が昇格 五期生が中国大調査旅行へ。これが大旅行の始まり 白岩龍平の日清汽船が湖南・長沙航路開く 大村欣一教授による院歌制定 『支那経済全書』全十二巻刊行始まる	（日本）上海日本居留民団設立
一九〇八	明治天皇より書院へ御下賜金	
一九〇九	東亜同文会会長として綱領の「中国を保全す」を削除	
一九一〇	書院創立一〇周年記念式典	
一九一一	東郷平八郎、乃木希典両大将書院訪問	（清）辛亥革命（武昌で蜂起） 端方、刺殺される
一九一二	清朝滅亡	（中）中国革命同盟会は国民党へ改組
一九一三	校舎が内戦砲弾で焼失し、長崎県大村へ一時避難。のち	（中）孫文ら日本へ亡命

	新たにハスケル路で校舎確保	(欧)第一次世界大戦始まる
一九一四	書院に農工科増設	
一九一五	徐家匯に新校舎起工	(日)日本が対支二十一カ条を要求
	石射猪太郎外交官試験に合格	
一九一六	『支那省別全誌』全十八巻刊行始まる	(中)袁世凱即位するも死去。副総統に黎元洪
一九一七	徐家匯新校舎完成	(ロ)ロシアに社会主義政権
一九一八	中華学生部新設決定	(欧)第一次世界大戦終結
	支那研究部を新設	(日)米騒動
	政治科学生募集中止	
一九一九	五・四運動により大旅行の一部延期	(中)五・四運動起きる
	中華学生部校舎完成	(朝)三・一万歳事件
一九二〇	農工科学生募集中止、中華学生部予科学生入学	(日)ハルピンに日露協会学校
	支那研究部「支那研究」第一号刊行	
	東亜同文書院創立二〇周年記念式典	
	根津一院長還暦祝賀会	
	修業年限が四ヵ年に。入学を四月へ変更	
	大旅行コースが二〇〇に達する	
一九二一	専門学校令による指定学校となる	(中)中国共産党成立と代表者大会(上海)

年	本文にかかわる東亜同文書院関係事項	それ以外の関係事項
一九二一	中華学生部本科学生入学 天津同文書院開設 大旅行報告書に日誌も付加始まる	（日）日英同盟廃棄
一九二二	東亜同文会財団法人化。会長牧野伸顕、副会長近衛文麿、理事長白岩龍平 漢口同文書院開学	
一九二三	根津院長退任、新院長に大津麟平	（日）矢田七太郎上海総領事に就任
一九二四	四年生移行のため卒業式なし 孫文、神戸で「大アジア主義」講演	（中）中国国民党第一回全国代表大会 第一次国共合作
一九二五	中華学生部長大村欣一教授（死去）から坂本義孝教授へ 孫文死去	
一九二六	近衛文麿院長就任	（中）北伐開始
一九二七	根津一元院長死去 胡適来院、講演	（米欧日）金融恐慌、鈴木商店破産 （中）排日運動激化
一九二八		（中）済南事件
一九二九	犬養毅、頭山満来院講演	（日）日本、国民政府を承認 （米）ウォール街、株式大暴落
一九三〇	書院創立三〇周年記念式典、『東亜同文書院三十年誌』刊行	（日）「支那」の呼称を「中華民国」へ

	全学ストライキ	（中）北伐す、む
	日本海軍陸戦隊に反戦ビラをまき院生八名拘引	（中）閻錫山、馮玉祥、汪兆銘ら北京で反蒋北方政府樹立
	『山洲根津先生伝』出版	（日）上海日本商業学校開校
	中華学生部十回生入学	
一九三一	大内暢三院長代理から院長へ（近衛院長辞任）	（中）満州事変
	魯迅来院、講演	（中）上海自然科学研究所設立
	中華学生部予科募集停止	（中）中国公債大暴落
一九三二	長崎へ引揚げ、のち上海へ復帰	（中）「満州国」誕生
一九三三	この頃、華語研究会が華日辞典の編集開始	（中）リットン調査団上海着
	『華語萃編』第四集刊行され完結	
	左翼学生検挙	
一九三四	近衛霞山公三〇周年祭	
	中華学生部廃止決定	
一九三五	靖亜神社鎮座祭	（中）毛沢東指導権掌握
一九三六	東亜同文会会長に近衛文麿、理事長に岡部長景就任	（日）二・二六事件
	中国側文化機関と支那研究部懇談	
一九三七	学生通訳従軍	（日）第一次近衛内閣
	徐家匯校舎放火され焼失（第二次上海事変）	（中）中国共産党延安へ
		蘆溝橋事件

年	本文にかかわる東亜同文書院関係事項	それ以外の関係事項
一九三七	交通大学を借用して臨時校舎開院	（中）第二次上海事変
一九三八	中山優建国大学教授へ 大学昇格申請	（中）南京に中華民国維新政府
一九三九	東亜同文書院「大学」へ昇格	（中）ノモンハン事件
一九四〇	大内暢三学長兼院長就任 本間喜一大学予科長兼書院教頭就任 書院創立四〇周年記念式典	（日）第二次近衛内閣
一九四一	学部開設、付属専門部設置準備委員会 予科生徒監兼書院学生監として林出賢次郎着任 三八期生繰り上げ卒業	（日）対米英宣戦布告（大東亜戦争）
一九四二	三九期生繰り上げ卒業 東亜同文会会長に近衛文麿再任、理事長に津田静枝、専務理事に一宮房治郎就任	（日）大東亜省設置
一九四三	付属専門部設置（当初滬江大学跡） 第四〇期繰り上げ卒業 学長に矢田七太郎、教頭兼予科長本間喜一辞任 書院大学学徒出陣	（日）学徒出陣 山本五十六海軍大将戦死
一九四四	本間喜一学長就任	

一九四五	学徒勤労隊六名江南造船所でアメリカ機直撃弾で死亡 東亜研究部と学生が華中郷村調査 呉羽分校開設、終戦で閉鎖、のち再生、そして十一月再度閉鎖 中国軍が校舎接収（上海）	（日）汪兆銘死去（名古屋） （日）日本無条件降伏 （中）満州国崩壊
一九四六	虹口地区に集居中の学生、教職員家族帰国 東亜同文会自発的解散 本間喜一元院長が小岩井、神谷両教授と再建策協議 愛知大学設立認可（十一月十五日）、学長林毅陸 愛知大学への転入学受付と試験	（日）天皇人間宣言 （日）総選挙、農地改革（第一次） （日）新憲法公布
一九四七	霞山会図書（三万五千冊）愛知大学へ寄託 愛知大学予科と学部開校（予科生四四〇名） 法経学部法政科、経済科開設 愛知大学公開講座始まる	（日）教育基本法公布
一九四八	国際問題研究所設立 「愛知大学新聞」発刊	
一九四九	新制大学設立認可と移行（法経学部法学科、経済学科、文学部社会学科、別科法政・経済・文学、付設高等科） 名古屋分校開設（法政科、高等科） 創立三周年記念式典	

年	本文にかかわる東亜同文書院関係事項	それ以外の関係事項
一九五〇	文学部に文学科（国文学、中国文学、英文学、独文学、一般文学）設置、また、短期大学部も設置 本間喜一第二代学長 綜合郷土研究所設置	（朝）朝鮮戦争 （中）中ソ友好同盟相互援助条約
一九五一	名古屋分校は車道校舎として移転	（日）サンフランシスコ講和会議 （日）日米安全保障条約
一九五二	愛大事件	
一九五三	中部地方産業研究所設置 大学院法学研究科、経済学研究科設置	
一九五四	根岸佶元書院教授が『中国のギルド』で日本学士院賞 旧東亜同文書院華日辞典カード返還される	（日）五五年体制の成立
一九五五	華日辞典刊行会発足 小岩井浄第三代学長 文学部に史学科（日本史専修、東洋史専修）、文学専攻科	
一九五七	大学院法学研究科博士課程設置	
一九五八	文学部に哲学科（東洋哲学専修、西洋哲学専修） 法経学部に中国法政コース、中国経済コース	（中）大躍進政策と失敗（～六〇）
一九五九	本間喜一第四代学長	
一九六〇		（日）新安保条約、池田内閣による所

		得倍増計画
一九六三	山岳部学生十三名、富山県薬師岳で遭難	
	本間学長辞任	
一九六四		（中）文化大革命始まる
一九六五		（ベ）ベトナム戦争
一九六七	文学部史学科地理学専修設置	
一九六七	書院卒伊藤喜久蔵中日新聞北京支局長がボーン国際記者賞	
一九六八	『中日大辞典』（初版）刊行	
一九七三	愛知大学学術訪中団が南開大学へ	（日）沖縄の日本復帰
		（日、中）日中共同声明、石油ショック
		（日）田中内閣の列島改造政策
一九七四	北京大学社会科学代表団来訪	
一九七六	愛知大学等三大学学生友好訪中団訪問	
一九七七	大学院経営学研究科修士課程設置（七九、博士課程設置）	
一九七八	大学院経済学研究科博士課程設置	
一九七九		（日、中）日中平和友好条約
		（日）第二次石油ショック
一九八〇	南開大学、北京語言学院と学術教育研究交流協定調印	（中）中国経済改革開放政策実施
一九八八	三好町に名古屋校舎開校	
一九八九		（ド）ベルリンの壁崩壊

年	本文にかかわる東亜同文書院関係事項	それ以外の関係事項
一九九〇	『中国政経用語辞典』刊行	（ド）東西ドイツ統一
一九九一	大学院に中国研究科、文学研究科（日本文化、地域社会システム、欧米文化の各専攻）修士課程設置 東亜同文書院大学記念基金会設置	（日）バブル経済崩壊
一九九三	愛知大学東亜同文書院大学記念センター設置 大学院文学研究科地域社会システム専攻博士後期課程設置	
一九九四	大学院中国研究科、文学研究科（日本文化、欧米文化）に博士後期課程設置	
一九九六	愛知大学五〇周年記念事業	
一九九七	現代中国学部設置	
一九九八	東亜同文書院大学記念センター展示室開設 中国・南開大学に「南開愛大会館」完成 国際コミュニケーション学部設置	
二〇〇一	書院創立一〇〇周年記念の祝典を愛知大学豊橋校舎と名古屋校舎で実施 書院同窓生の滬友会が特別会員として愛知大学同窓会に合流 法科大学院設置	

	本間喜一元学長の胸像が愛知大学記念会館一階入口に建つ	
二〇〇二	文科省のグローバルCOEの選定を受け、国際中国学研究センター（ICCS）設置	
二〇〇六	会計大学院設置	
	愛知大学東亜同文書院大学記念センターが文科省からオープン・リサーチ・センターに認定（～二〇一〇）	
二〇〇七	八月二十四日滬友会（書院同窓会）が解散会	
	九月末、滬友会解散	
二〇一一	地域政策学部設置	
二〇一二	新名古屋キャンパスが「ささしま24地区」に開設。豊橋、車道の三校舎体制となる。	（日中）日中国交正常化四〇周年

あとがき

本書は、「日中に懸ける―東亜同文書院の群像―」のタイトルで中日新聞、東京新聞、北陸中日新聞の各夕刊に、二〇一一年十月三日から十二月二十八日までの毎週月曜日から金曜日までの週五回ずつ計六十回にわたって連載した内容をベースにしている。

新聞紙上では紙幅の都合上、カットせざるを得なかったり、簡潔な表現で筋を通さざるを得なかったケースも多々あり、それらをふくらませたり、加筆する作業を行った。そのほか、人物や事項が多岐にわたったためそれらの注を付し、写真や地図を加えて本文をわかりやすくしたほか、巻末に参考、関連文献と年表を付した。これらの作業はそれなりに手間取った一方、本に出版する話が急にすすみ、その出版時期が大幅に早まったため、初版では索引は付加することができなかった。再版のチャンスがあればその時に実現できたらと願った。

本書で扱った東亜同文書院（のち大学）は、戦後それをベースに開設された愛知大学にとっては、その前史ともいうべき学校であり、そのＤＮＡが今日なお受け継がれているが、愛知大学だけの問題に限定されず、日中近代史、日中間の交際交流史という観点からみれば、一大学を越えた、日本と中国、さらに欧米まで巻き込んだ普遍的な内容であり事象である。

その点では広く多くの人々に読んでもらい、理解してもらいたいという大きな希望のもとでこの連載執筆を引き受けた。というのも、東亜同文書院という世界でも例をみない異国の地で、異国の言葉をマスターし、異国を深く理解しようとする教育機関であった点が再評価できることである。戦前、日本の朝鮮、台湾に置かれた帝国大学は現地語を全て無視したし、欧米列強の宣教活動の教育機関も同様であったことを考えれば東亜同文書院の相手国との対等の関係という基本姿勢はきわ立っている。しかも、このようなシステムを構想したのが、荒尾、近衛、根津という三人の理想に燃えた二十歳代の若者であり、それに応じたのも進取の気性にあふれた日本や中国の若者であった点は現在からみれば実に驚異の構想力と実践力、それに対応力であった。にもかかわらず、それを戦後の東西冷戦下で、イデオロギー的研究者等がこの書院をスパイ学校だとしてレッテルを貼るという偏狭な視野に、筆者は恥ずかしさを禁じえない思いを抱いたからである。

その意味で、本書は、三人の構想の再評価をベースに、書院関係者を通じての日中関係の再評価を試みようとしたつもりである。そしてバブル崩壊後のデフレの中での今日の若者や日本人、そして日本政府の政治的力量などの閉塞感への反面教師になるのではという期待も願った。

東亜同文書院の存在と展開は、既存の日本史や東洋史という視点では理解出来ない枠組をもっている。少くとも明治以降の日本はそのような伝統的な枠組からは見えてこない国際関係の中に入り込んでいったといえ、その最も身近な例が日中関係であったといえる。書院の存在がそのような国際関係を正面に捉えた点ももっと高く評価されてよいだろう。日本および日本がより国際的視点をもつためにも既存の枠組を再構成しつつ書院の再評価がなされるべきだと思われる。

日中関係の中で鍛えられ、コスモポリタンとして育った書院卒業生が、戦後冷戦下の中国の竹のカーテンにより、日中関係発展のための活躍の場が制限されたのは、今の日本国の日中関係における方向をみるにつけ全く惜しいことであったと思われる。しかし、彼らはそのエネルギーを戦後日本の高度経済成長を支えるエネルギーに転化したことはもっと知られてよいだろう。

また、もう一つ、中国や東南アジアを極めようとした書院生による大調査旅行は、多くの成果を生んだし、戦後の世界でもてはやされた地域研究をすでに半世紀前に実践していた先駆者としてももっと評価されるべきだという点である。日本の敗戦はそれらの戦前の成果もイデオロギー的に無視されてしまった。書院生達自身による構想と調査をめざした徒歩の踏査旅行の成果は、イデオロギーで一蹴されるほどの軽い存在ではないことは、現に中国も今やそのデータに多大の関心を持ち始めていることからもわかる。

筆者は地理学を専攻してきたが、この三十年近く東亜同文書院の研究に入り込み、泥沼のような奥深い世界に入り込んだ中から、以上のような東亜同文書院を再評価すべき視点が浮かび上ってきたという感想を抱いてきた。自分の勤めてきた大学との関係という以上に、アジア、さらにグローバルな存在感をもっていた東亜同文書院の魅力と面白さをこの書からぜひ多くの方々に知ってもらえたらと願っている。

書院とかかわって以来、書院の多くの卒業生の方々や関係の方々には多くの御教示と御協力をいただいた。とくに滬友会事務局では大串俊雄氏、賀来揚子郎氏、鈴木信氏、阿部弘氏、渡辺長雄氏、藤田照男氏、春名和雄氏、山内正朋氏、坂下雅章氏、高瀬恒一氏、高遠三郎氏、倉田俊介氏、小崎昌業氏、小田啓二氏、そして事務局の生き字引であった逢坂久美子氏、ほか多くの方々、霞山会では近衛通隆会長、北川文章前理事長、山田正理事長、星博人常任理事、胡偉峰氏ほかの方々にも多くの御教示をいただきお世話になった。そして愛知大学卒業生では安井善宏同窓会長、高井和伸東京支部長、中島寛司前神奈川支部長、そのほか各支部長はじめ多くの方々、さらに愛知大学では、書院と愛大のつながりを『東亜同文書院と愛知大学』シリーズとして企画刊行された山下輝夫氏、図書館で書院関係のデータベース化をすすめられた成瀬さよ子氏、元記念センター長の今泉潤太郎氏、現センター長馬場毅氏、そして運営委員の方々、センター事務局では課長の田辺勝巳氏ときめ細かな差配をいただいた山口恵里子氏、また小林倫幸氏と佃隆一郎氏、森健一氏、そして校友課の樋口裕嗣課長、また新聞掲載にあたり、データの検索や中日新聞社への送付にもご協力いただいた武井義和氏と高木秀和氏ら、いずれも多くの方々のお世話になった。

そして本間名誉学長の令嬢である殿岡晟子氏にもまた多くの事柄を日頃からご教示いただいてきた。

一方、中国では上海交通大学李建強副学長と同大学校史研究室の葉敦平教授をはじめ、毛杏雲教授、盛懿教授、陳泓教授、欧七斤助教授、孫萍研究員ほか、アメリカではニキケンジ氏（ミシガン大）、レイノルズ教授（ジョージア州立大）、フランスではブルギエール教授（パリ高等科学院）の方々とも学術交流の中で学んだことも多かった。

本書の巻頭には書院卒業生で外務省や霞山会で活躍された小崎昌業氏、そして現愛知大学学長佐藤元彦氏からお言葉をいただいた。

最後に新聞掲載の話を最初に持って来られた中日新聞編集局の小島一彦氏とは掲載中、緊張した時間を共有でき、また出版にあたり事業局出版部の小松泰静氏に励まされながらお世話になったこと、さらに愛知大学と同窓会、校友会にもご協力いただいたことを付記しておきたい。

なお、再版にあたり、中日新聞事業局出版部の野嶋庸平氏のお世話になり、表紙を一部改変したほか、新たに索引を付加できた。また、愛知大学卒の千賀新三郎氏には本文を中心に全体の校正の労をとっていただいた。感謝申し上げる。

以上、実に多くの方々に大変お世話になったことに感謝申し上げ、厚くお礼申し上げたい。

二〇一二年　二月（初　版）
二〇一二年十一月（第二版）

藤田　佳久

な

は

さ

か

索　引

ふじた・よしひさ　1940年、愛知県生まれ。愛知教育大と名古屋大大学院修士課程および博士課程で地理学専攻。奈良大助教授などを経て1979年に愛知大学へ。2011年3月まで愛知大文学部教授。理学博士。同大東亜同文書院大学記念センター長を務め、書院生の中国調査旅行記録と書院を研究。現在は同大名誉教授、日本沙漠緑化実践協会会長。著書に『中国を歩く』『満州を駆ける』など多数。

日中に懸ける　東亜同文書院の群像

2012年3月30日　初版　第1刷発行
2012年11月15日　第2版第1刷発行

著　者　愛知大学 名誉教授　藤田　佳久

発行者　野嶋　庸平
発行所　中日新聞社
〒460-8511
名古屋市中区三の丸一丁目6番1号
TEL　052(201)8811(大代表)
052(221)1714(出版部直通)
郵便振替　00890-0-10番
印刷所　長苗印刷株式会社

定価はカバーに表示してあります。
乱丁・落丁本はお取り替えいたします。

ISBN 978-4-8062-0639-2 C0021